한국직업능력개발원 등록 제 2014-1535호

핸드드립 자격시험 대비

핸드드립 커피
HAND DRIP COFFEE

김창진 저

고품격 커피의 맛과 향을 위한 안내서

이 교재의 특징은 핸드드립 자격취득 준비생들의 이론 및 실기 학습이 용이하며 강의 진행에 도움이 되는 내용이 풍부하게 수록됨

도서출판 한수

머리글

필자가 입대를 앞두고, 남는 시간을 활용하기 위해 조그만 커피 전문점에서 일을 하게 된 것이 커피와의 첫 인연 이었다면 전역 후 또다시 커피 다루는 일을 갖게 된 것은 운명이라고 말할 수밖에 없을 것 같다.

필자가 일하던 곳은 재일교포가 운영하는 케이크와 융 드립 커피로 유명한 곳이었는데 그 당시로는 드물게 일본에서 커피 전문가를 직접 초빙해 핸드드립과 더불어 수많은 메뉴의 레시피, 그리고 서비스 매뉴얼까지 배울 수 있었던 좋은 경험이 있다.

하지만 커피를 접하면 접할수록 깊어지는 커피에 대한 궁금증을 해결할 수 있는 자료나 서적이 당시 국내에는 거의 없다는 것을 알게 되었다. 그때와 비교한다면 지금은 커피관련 도서들이 다양하게 출간되고 한걸음 더 나아가 로스팅, 에스프레소, 라떼아트 등 좀 더 세분화되고 전문화된 내용으로 독자들이 필요한 분야를 선택할 수 있을 정도까지 되었다.

HAND DRIP COFFEE

그러나 다양한 커피 서적들이 출간되고 있는 요즘도 핸드드립 커피에 관련한 것은 가뭄에 콩나듯 나오고, 그마저도 우리나라의 현실과는 동떨어진 내용이 주를 이루고 있어 안타까워하던 차에 사단법인 한국능력교육개발원의 핸드드립(등록번호 제2014-1535호) 자격취득에 필요한 실무서를 이렇게 집필하게 되었다.

지금의 핸드드립 커피는 분쇄된 커피를 드립퍼에 넣고 주전자로 물을 부으면 되는 단순한 추출방법이 아닌 보다 전문화되고 고급화 되어가고 있다. 이를 반증하듯 우리나라 일본에서 해오던 커피 추출방법들(핸드드립, 싸이폰, 워터드립 등)을 미국, 유럽의 바리스타들이 자신만의 스타일과 이론으로 무장해 소비자들에게 다가가고 있는 것이 현실이다.

그런데 우리의 커피교육은 어떠한가. '싸이폰은 유리로 만들어져 깨지기 쉬우니 사용이 어렵다' '융 드립은 뒤처리가 까다로워 사용하기 힘들다'는 식의 부정적인 교육은 많았지만 그러한 편견을 깨고 맛있는 커피를 추출하기 위한 연구와 교육은 미흡했던 것이 아닌가 생각해 본다.

　　미국과 유럽의 바리스타들은 경험을 통해 추출하기 보다는 푸어오버 또는 슬로우 드립이란 이름으로 추출 시에 매번 저울, 온도계, 타이머로 커피 양, 분쇄도, 물량, 온도, 시간을 측정해서 맛을 비교 분석한다. 고가의 커피 밀도 측정기, 추출률 계산기 등을 사용하는 경우가 있을 정도다.

　　하지만 그들 역시 자신만의 추출법을 알아가는 과정일 뿐, 푸어오버의 완성은 보여주지 못하고 있는데 오랜 역사와 전통이라는 말이 이럴 때 필요한 것 같다.

　　왜냐하면 핸드드립 커피를 오래전부터 해온 우리나라와 일본에는 핸드드립의 명인이라는 분들이 실제로 존재하고 그들이 추출한 커피 맛을 보면 감탄사가 저절로 나오는 경험을 할 수 있다. 지금이야 고품질의 커피빈(생두)을 누구나 구입할 수 있지만, 그들이 활동하던 시기에는 그러한 커피를 구입할 수 있는 방법이 없었는데도 불구하고, 어떻게 그런 멋진 커피를 추출할 수 있었는지 지금도 감탄스럽다.

HAND DRIP COFFEE

　커머셜급의 그저 그런 커피빈(생두)을 구입해서, 로스팅 전후 핸드픽(Hand Pick)으로 잡미가 나오지 않도록 정성스럽게 하고, 시간을 들여 숙성시켜 해당 원두에 맞는 드립퍼와 필터를 선택해 자신이 가지고 있는 최고의 잔으로 정성스럽게 손님에게 제공하는 것, 이것이야 말로 새로운 커피 시장을 여는 길이 아닐까 조심스럽게 생각해 본다.

　그러한 이유에서 이 책이 핸드드립 이론을 배우고 현장에 가까운 실무 지식을 얻어 핸드드립 자격을 취득하고, 커피 시장의 고급화를 앞당기고자 하는 사람들에게 조금이나마 보탬이 되었으면 한다.

　끝으로 이 책이 출간 될 때까지 노고를 아끼지 않으신 한수 출판사 임직원 여러분께 진심어린 감사의 마음을 전한다.

저자 김창진

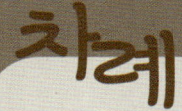

제1장 커피 유래

커피의 전설 11
커피의 발상지 15
커피라는 명칭의 유래 17
커피 음용의 시작 18
커피의 전파 20
커피의 세계 전파 22
커피 세례 25
모카(Mocha) 26
최초의 커피 하우스 28
현존하는 가장 오래된 커피 하우스 30
커피 하우스의 역사적 변천 32
커피 세레모니 35
베리에이션 커피의 역사 36

제2장 커피 생산과 형태

각국의 대표적인 커피 메뉴 39
커피 벨트 42
커피의 3대 원종 44
아라비카종과 로부스타종 46

커피의 재배 및 수확	48
커피의 가공방법	52
생산지에서의 수출 출하	54
생산국에 따른 품질 기준	55
산지별 품종, 자연조건, 정선 방식에 따른 특징	56
뉴 크롭, 패스트 크롭, 올드 크롭	57
커피의 품종 개량	59
커피 재배의 어려운 점	61
각각의 커피 가격차	63
커피의 로스팅(배전)	64
커피향의 보존조건	67
컵 테스트의 조건	68
어시디티(Acidity), 아로마(Aroma), 바디(Body), 플레이버(Flavor)	69
커피의 품질 체크법과 포장 조건	70
블렌드(Blend)커피, 싱글 오리진(Single Origin) 커피	72
스페셜티 커피(Specialty Coffee)	74
카페인이 인체에 미치는 영향	76
커피 감정사(Cupper)	77
바리스타(Barista)	79
인스턴트(Instant) 커피	81
캔(Canned) 커피	83
액상(Liquid) 커피	84

제3장 핸드드립 커피

왜 핸드드립 커피인가	87
핸드드립 커피의 역사	92
핸드드립 커피에 입문하기	95
대표적인 추출기구	125
드립퍼의 형태에 따른 추출법	139
아로마 및 표준 타입의 멜리타 드립퍼	142
칼리타와 멜리타 추출의 비교	144
융 드립에 가까운 감칠맛, 고노 드립퍼	150
하리오 드립퍼	152
핸드드립 추출	154

제1장 커피 유래

HAND DRIP COFFEE *Coffee*

커피의 전설

커피의 전설에 관한 삽화로 종종 책에 게재되어 있는 그림이 2개 있다. 하나는 염소 그림이고, 또 하나는 이슬람교도인 오마르와 나무에 달린 붉은 커피 열매를 쪼고 있는 새의 그림이다.

염소의 그림에 대한 전설은 15세기 중반 (1440년경) 칼디라는 소년이 어느 날 항상 얌전하던 염소들이 지금까지와는 다르게 힘 있게 뛰어 노는 것을 보고 염소들이 흥분한 원인은 어떤 특정 나무의 열매 탓이라는 것을 깨닫게 되었다. 왜냐하면 염소들이 그 나무의 열매를 맛있게 먹고 있었기 때문이었는데 칼디가 더욱더 놀란 것은 염소의 우두머리라 할 수 있는 나이는 많지만 다부진 염소의 평소와 다른 활기찬 모습이었다.

그래서 그도 그 염소가 먹고 있던 나무의 열매를 따서 먹어보니 지금까지와는 다르게 몸속에서 기운이 나고, 생활 그 자체가 즐거워져 가장 행복한 목동생활을 할 수 있었다.

그러던 어느 날 한 수도승이 지나가다가 이 광경을 보고 너무 놀라 칼디에게 이게 어떻게 된 일인지를 물었다. 그러자 칼디는 그 굉장한 발견, 즉 어느 나무의 붉은 열매의 효과라고 말했다.

이 수도사는 밤에 기도를 할 때 참기 힘든 졸음으로 엄격한 신앙생활에 위기를 느끼고 있던 참이라 붉게 익은 과일을 건조시켜 끓인 다음 마셔본 결과 잠도 깨고 열심히 기도에 집중하는 것이 가능하게 되었다고 하는데 이것이 커피의 발견의 기원이라고 한다.

또 하나의 오마르 전설은 회교력 656년(서기 1278년)에 승려 샤델리는 제자인 오마르와 함께 메카로 성지 순례를 하고 있었다. 그리고 그가 아라비아의 오우삽 산에 도착했을 때 오마르에게 말했다.

「나는 여기서 죽을 것이다. 그리고 내 영혼이 하늘로 올라간 후에 베일에 싸인 사람이 네 앞에 나타날 것이다. 그가 말하는 대로 해라. 그러면 큰 운명이 너를 기다리고 있을 것이다.」

성인이 죽은 한 밤중 오마르는 하얀 베일에 싸인 거대한 혼령을 보았다. 「너는 누구냐!」 하고 오마르가 소리치며 혼령이 쓴 베일을 벗기니 놀랍게도 그것은 5~6m나 키가 커진 스승 샤델리였다.

갑자기 스승의 혼령이 땅을 파기 시작하자 신기한 물이 나왔고, 스승의 혼령은 오마르를 향해 「그 물을 볼(bowl) 한잔에 담아 그 물이 없어질 때까지 쉬지 않고 걸어라. 그것이 너를 기다리는 운명의 땅이다.」 하고 말했으며 오마르는 그 말에 따라 순례를 계속했다.

예멘의 모카에 이르렀을 때 오마르는 볼의 물이 움직이지 않는 것을 알았다. 아름다운 모카 마을은 그 시기 때마침 페스트가 유행하여 주민들을 힘들게 하고 있었는데 오마르는 병자를 돌보고 마호메트의 혼령이 내려온 것처럼 기도로 사람들의 병을 치료했다.

그러나 페스트는 사그라들지 않았고 마침내는 왕의 딸도 병에 걸리고 말았다. 걱정한 왕은 오마르가 기도로 여러 사람의 병을 고쳤다는 소문을 듣고 딸을 그가 있는 곳으로 보내 낫게 해달라고 부탁했다. 오마르가 열심히 기도한 끝에 그녀의 병을 낫게 한 것까지는 좋았으나 왕의 딸이 너무 아름다웠던 까닭에 자신의 신부로 맞이하게 해 달라고 청했다.

그러나 왕은 그것이 맘에 들지 않았다. 그래서 오마르를 모카의 마을에서 쫓아내 오우삽 산으로 보내고 말았다. 그런데 그곳은 묘목 이외에 먹을 것이 없어 동굴에 사는 수밖에는 없었다.

그러던 어느날 오마르는 스승을 향해 큰 소리로 외쳤다.
「오, 샤델리여! 모카에서 일어난 일이 운명이라면 저를 모카에 데려간 그 벌을 스승이 저에게 줄 필요가 있었던 겁니까?」

오마르가 이렇게 슬퍼하고 있던 순간 무어라 형언할 수 없는 신비한 음색의 목소리가 들렸다. 고개를 들어보니 아름다운 날개를 가진 새 한마리가 나무에 멈추는 것이 보였다. 오마르는 이끌리 듯 그 새 쪽으로 달려갔는데 이미 새는 없었고 단지 그 나무에 꽃과 열매가 보였다.

그는 그 나무의 열매를 따서 먹어 보았는데

뜻밖에 너무나 맛이 있었다. 그래서 그는 나무의 열매를 잔뜩 따 동굴로 가져와 식사 대용으로 먹고 있던 얼마간의 잎을 익힐 때 항상 그 열매를 같이 끓였다. 그렇게 해서 오마르는 맛있고 향이 좋은 멋진 음식물을 손에 넣을 수 있었는데 그것이 커피였다는 것이다.

그리고 이 전설에는 덧붙일 것이 하나 더 있는데 커피는 신기하게도 그렇게 힘들어 하던 오마르를 건강하게 하고 기분을 좋게 했다. 그래서 그는 자신을 방문한 모든 사람들에게 그 열매를 익혀 먹도록 권하여 많은 사람들의 병을 고쳤다.

오마르를 따르던 모카의 사람들은 그가 커피로 인해 목숨을 이어가면서 병을 고치는 것에 놀랐고 이러한 사실을 안 왕은 그 기적에 다시 한번 놀라며 오마르를 모카로 돌아오게 하고 환대하였을 뿐 아니라 쉐크라고 하는 칭호를 주어 성인으로 대접하며 사원을 내렸다.

참고로 커피의 전설 중 「칼디의 전설」은 커피를 발견한 것이 회교도가 아니라 크리스트교라는 것을 주장하기 위해 만든 것이라는 말이 전해지고 있다.

커피의 발상지

커피라는 음료의 원료인 생두는 커피나무 열매의 씨이며 커피나무는 현재 열대 지역의 70여 개국 이상에서 재배되고 있다.

커피의 원료로 이용되는 종류로는 아라비카종, 카네포라종(통칭 로부스타종), 리베리카종이 있고, 모두 아프리카가 원산지이다.

Arabica (아라바카) Robusta (로부스타) Liberica (리베리카) Arabica Robusta

그 중 가장 처음에 발견되었고 마셔지는 것 중에서도 최상의 원료인 아라비카종에 대해서는 아비시니아(현재의 에티오피아) 발상설과 아라비아(현재의 예멘) 발상설이 있다. 현재에는 에티오피아의 1300m에서 1500m의 고지대가 발상지라는 것이 정설로 되어 있으며 그 곳에는 지금도 커피나무가 자라고 있다.

에티오피아의 커피나무는 6~9세기 사이에 에티오피아를 침략한 페르시아에 의해 아라비아에 전해졌다고 추정되고 있다. 그리고 아라비아에서 본격적인 커피 재배가 시작된 것은 14세기로서 예멘에서 재배되고 있는 커피나무가 에티오피아의 하라 지방의 커피나무와 비슷하여 그곳에서 가져왔을 것이라 생각하고 있다.

참고로 카네포라종은 1898년에 콩고에서 발견되었고, 리베리카종은 1870년경 리베리아에서 발견되었다.

커피라는 명칭의 유래

커피 음용이 시작된 아라비아에서는 커피를 끓여서 만든 음료라는 뜻의 「Qahwah」 카후아 또는 카와 라고 불렀다. 그것이 터키에 전해졌을 때 「Kahveh」 카베라고 불리게 되었고 16세기부터 중동을 여행하게 된 유럽인에 의해 그 발음이 유럽식으로 바뀌어 영국(coffee), 프랑스(café)로 전해진 호칭을 중심으로 세계 각국에서 통하는 지금의 카페나 커피라는 이름이 되었다고 한다.

Tip.

- 아라비아에는 원래 「카후아」라는 일종의 술이 있어 커피를 마시면 사람이 흥분되고, 심신에 힘이 나는 작용이 그 술을 마셨을 때의 작용과 비슷하다고 하여 언젠가부터 사람들 사이에서 커피를 카후아라고 부르게 되었다고 한다.
- 커피의 원산지인 에티오피아에 카파(caffa)라는 지명이 있어 그 산지명에서 커피를 「카후아」라고 부르게 되었다는 말이 있다. 그러나 에티오피아에서는 일반적으로 커피를 분나(bunna)라고 하지만 예멘에서는 생두나 나무를 분(bunn), 마시는 커피를 카후아라고 부르고 있다.

커피 음용의 시작

커피가 언제부터 마셔졌는지에 대해서는 잘 알려지지 않았다. 커피에 대해 쓰여진 가장 오래된 문헌에 남아있는 흔적은 아라비아의 의사 라제스(850~922년)의 것이다. 그는 900년경 아라비아에서 마셔졌던 나무 열매의 액체에 흥미를 가지고, 「상쾌하고 깔끔한 것으로 위에 좋다.」라고 써 놓고 있다.

당시 사람들은 커피의 과실을 「반」, 끓여 마시는 액체를 「반캄」이라 불렀고, 물에 담긴 생두가 들어간 곡식 채로 끓여서 일종의 「영약」으로 이용했다. 즉, 커피 음용의 시작은 현재 우리가 기호식품으로 마시고 있는 것과는 달리 약으로써 마셔진 것인데 과실을 그대로 먹거나, 과실이나 과즙을 발효시켜 술처럼 마시거나 끓여 민간약으로 사용되었다.

라제스의 기록 후 100년 정도가 지난 후 역시 아라비아 의학의 권위자이자 철학자이기도 한 아비세나(980~1037년)는 「그것은 레몬색을 띠고, 보기에도 밝고 좋은 향기가 나며 매우 바람직하지만 하얗게 더러워진 것은 좋지 못하다… 재료(생두)는 외피를 깨끗하게 제거하고 습기가 없어질 때까지 건조한 특선품을 사용하면 좋은 향기를 분명히 얻을 수 있을 것이다.」라고 약용이기는 하지만 향이 좋은 것이라는 음용으로서의 이용 시초도 기록하고 있다.

커피가 보다 많이 이용된 것은 회교(이슬람교)의 승려들에 의해서 였다. 즉, 밤을 새워 가며 기도할 때 졸음을 쫓기 위한 귀중한 음료로 은밀하게 마셔지던 것이었는데 그 후 그들이 마시는 방법은 긴 세월동안 아라비아(예멘)를 중심으로 이라크, 이집트, 터키 등에 있던 회교의 사원 중에만 감추어져 승려들만이 마시고, 외부에 가져나가는 것은 엄격하게 금지되어 있었다. 그들에게 있어 커피는 지나치게 마시는 것이 아니라 신에게 기도를 하기 전에 마시는 것이 주된 것으로 의식화 되어 있었던 것이다.

커피가 일반 회교도들에게도 음용이 허락되었던 것은 15세기 중만 무렵으로 서민에게도 사랑받는 음료로서 첫 발을 내디뎠지만 유럽에 전해진 커피의 음용 방법 역시 처음에는 약으로써의 효용이었다.

1652년 런던 최초의 커피 하우스 「파스크와 로세」는 개점에 즈음하여 커피 광고 전단을 냈는데 거기에는 「정말 그 효능은 무엇보다 위를 긴장시켜 그 열을 제거하고 소화를 도와주기 때문에 오후 3~4시 경도 좋지만 아침이면 특히나 더 좋다. 또 빠르게 정신이나 기분을 상쾌하게 하고 잠을 깨는 효과도 있다…」 라던가 「체온을 높여 소화를 돕는다…」 라고 써 있었다.

또한 유럽이나 영국에 전해진 커피 마시는 방법은 이슬람교에서 마셔졌던 것과 같이 끓이는 방식의 터키 커피 추출법이었다.

그렇다면 현재와 같은 기호음료로서의 커피의 시작은 언제인가 하면 터키 커피의 찌꺼기가 들어가는 것을 방지하기 위해 기구의 개량이나 추출법이 유럽에서 고안되기 시작한 1700년대 이후의 일이다.

커피의 전파

커피를 최초로 음용한 곳은 아라비아(예멘)인데 거기에는 회교도로 유명한 고승의 공적이 있었다.

파리 국립도서관의 아부달 카데이가 남긴 「커피의 유래서」에는 "1500년 경 예멘에 커피가 퍼졌는데 그것은 아덴의 고승 게마레딘의 노력에 의한 것이다. 게마레딘은 예멘의 다반이라는 곳에서 태어나 「다바니」라고 불렸다. 어느 날 그는 아덴(현재의 수도)에서 아프리카 해안을 여행했는데 거기서 커피가 널리 마셔지는 것을 알았다. 그러나 아덴으로 돌아가는 도중에 병에 걸려 약으로 사용하기 위해 가지고 갔던 커피를 마셔본 결과 놀라울 정도로 몸이 회복되고, 건강을 되찾을 수 있었다. 이렇게 커피의 효능을 알게된 다바니는 아덴으로 돌아와서부터 저녁 기도를 하는 회교의 수도사나 신앙을 위해 헌신하는 사람들에게 권해주어 커피는 급속하게 예멘에 퍼져나갔고, 밤에 일하는 사람들은 누구라도 마시게 되었다. 그리고 그는 커피나무의 육성에도 힘썼다"라고 기록되어 있다.

「다바니」가 사망한 때는 서기 1471년(회교력 859년)이기 때문에, 그가 사람들에게 커피를 권하기 시작한 것은 1450년대라 추정된다.

그 이후 회교의 교도들은 사막을 지나는 긴 여행 시에는 반드시 커피를 넣은 주머니를 휴대하게 되었다고 하며 작열하는 태양을 피하기 위한 저녁 여행에도 커피 주머니를 가지고 다녔다.

그의 커피 보급에 대한 회교도의 감사의 마음은 먼저 마호메트에게 기도한 후 「다바니」가 항상 낙원에 있을 수 있도록 기도하고 나서야 커피를 마실 정도이다.

커피의 세계 전파

　1450년대에 쉐이크 게마레딘이 일반적인 이슬람교도에게 커피의 음용을 허락하고, 눈 깜짝할 사이에 모카, 예멘으로 커피가 전해져 이집트의 카이로, 시리아의 다마스카에 1530년, 아레포에 1532년, 그리고 터키에서는 1545년 콘스탄티노플(현재 이스탄불)에 이르러 세계 최초의 노점이 아닌 본격적인 커피가게 「카페 카네스」가 생겼다.

　터키에서는 예멘에서 「카후와」라고 불리는 커피를 「카베」나 「카페」라 부르게 되었고 체즈베라고 하는 긴 문양이 들어간 국자형의 포트(냄비)에 시간을 들여 물로 달이고 커피가루의 찌꺼기와 함께 작은 도자기에 옮겨 가루가 아래에 가라앉는 것을 기다렸다 마시는 독특한 풍습을 생각해 냈다. 이것이 이른바 터키쉬 커피이다.

　커피나무는 아라비아 이외에는 반출하는 것을 엄격하게 금지하고 있었음에도 불구하고, 1600년경 교단의 눈을 속여 인도에서 온 「바바 부단」이라는 성지 순례자에 의해 반출되어 인도의 마이솔 부근에 이식되었고 이것이 세계로 퍼지게 된 계기가 되었다.

바바 부단이 이식한 커피나무는 이전부터 커피 무역에 관심을 갖고 있었던 네덜란드의 눈에 띄게 되었으며 그 결과 1699년에 인도네시아 자바에서 커피를 재배하게 됨으로서 네덜란드가 커피 무역에 한 발을 내딛게 되는 계기가 되었다.

그리고 자바의 커피나무는 1706년 네덜란드의 암스테르담의 식물원에 이식되고 1714년에는 친선 목적으로 프랑스의 루이 14세에게 헌상되어 파리 근교의 한 식물원 온실에서 엄중한 관리 하에 재배 연구되어 왔다.

그리고 이 파리의 커피나무가 이윽고 프랑스령의 브루봉 섬(현재 레위니옹 섬)이나 서인도제도에 있는 마르티니크 섬에 전해져 중남미, 브라질로 퍼져 나갔다.

참고로 유럽에는 아직 커피가 전해지지 않은 시대에 동방의 터키나 아라비아, 에티오피아 등으로 여행을 하던 사람들이 귀국 후 작성한 「견문록」에 커피에 대해 기록한 것들이 있는데 커피를 최초로 서양에 전한 것은 1573년부터 시리아의 아레포에 있던 「라우비르프라」고 하는 독일 의사로 그는 처음으로 본 커피에 흥미를 느끼고, 실제로 마시고 즐기게 되었다. 그리고 커피에 대한 내력에 대해서도 조사한 후 귀국해 1582년에 쓴 「시리아 여행기」에서 "카페라 불리는 검고 뜨거운 음료가 도자기에 담겨 터키 사람들에게 마셔지고 있다"라고 쓰고 있다.

또한 1592년에는 이집트에 있던 이탈리아 의사 아르피니가 「이집트의 식물」에서, 1598년에는 네덜란드의 파르다누스가 「린슈텐의 여행」에서, 1627년에 프란시스 베이콘, 1632년에는 로버트 반즈가 각각 터키의 커피나 커피 하우스의 이야기를 쓰고 있다.

Tip.

- 실제로 커피가 언제 유럽에 전해졌을까? 커피 그 자체가 전해졌거나 커피 가게가 만들어진 것을 연대 순서대로 들자면

1640년 네델란드 암스테르담 (원두만 전해짐)

1645년 이탈리아의 베네치아 (유럽 최초의 커피점)

1650년 영국의 옥스퍼드 (런던에는 1652년)

1660년 프랑스의 마르세이유 (가게는 1671년, 파리에는 1672년)

1679년 독일의 함부르크

1694년 미국의 뉴욕

의 순이 된다.

커피 세례

커피는 원래 이슬람권 안에서만 마셔졌지만 이슬람권을 여행했던 유럽인에게 알려지게 되었고 이교도인 이슬람교도가 마시는 커피를 호기심에서 마신 사람도 나타났다.

커피가 로마에 전해지고 얼마 안 있어 일어난 일이다. 몇 명의 크리스트교 목사가 커피라는 것은 이교도인 이슬람교도의 악마가 전한 음료로 크리스트교도가 마시는 것은 악마가 크리스트교도의 혼을 빼앗아 가는 것이므로 마시는 것을 금지해야 한다고 로마 교황 클레멘스 8세(1535~1605)에게 호소했다.

그러나 호기심이 강한 교황은 그 악마의 음료에 흥미를 느꼈고 조사를 위해 가져오게 했는데 그 향에 기분이 좋아지고, 그것을 마시고 싶어 하게 되었다고 한다. 이윽고 커피를 마셔본 교황은 "이는 정말 놀랍다. 이 악마의 음료, 너무나 맛있다. 이교도만이 마시는 것은 아까운 것이다. 이에 세례를 행해 진정한 크리스트교의 음료로 해야 한다"라고 했다. 이상이 클레멘스 8세에 의해 1605년 행해진 커피 세례라는 것인데, 세례 이후에는 크리스트교도들도 커피를 마실 수 있게 되었다고 한다.

그런데 이렇게 유럽에 전해진 커피는 아라비아 모카 항에서 출하 된 원두이며 마시는 방법 또한 터키식 커피였다. 커피는 유럽 사람들에게도 금방 받아들여져 애호되었으나 그렇다고는 해도 처음에는 약으로써의 효능으로 받아들여진 것이다.

모카(Mocha)

커피 전파의 역사는 원산지인 에티오피아에서 아라비아로 전해져 보다 좋은 자연조건 속에서 재배에 성공했다. 그리고 이 아라비아의 커피가 예로부터 아라비아 반도 남서쪽 항구 모카항에서 출하되어 그 커피를 모카라고 불리게 되었다.

그리고 유럽에 전해진 것도 이 모카 커피로서, 나아가서는 세계의 생산국에 전해지게 되는데 이것이 이른바 아라비카종이라 불리는 커피이다.

한편 아라비아의 커피 모종은 생산량을 올리기 위해 아랍 상인에 의해 에티오피아로 역수출 되어 재배되게 되었는데 이렇게 에티오피아에서 재배된 원두도 아라비아의 모카항에서 운반되었기 때문에 역시 모카라고 불렀다. 즉 다시 말하면 1628년에 네덜란드의 상인이 40백(Bag)의 커피 생두를 모카항에서 사 들인 것이 모카 커피의 시작이며, 그 산지는 예멘(아라비아) 및 에티오피아의 2가지가 있었던 것이다.

그러나 모카항은 그 후 모래에 덮여 항구로서의 기능을 잃게 되고, 커피 출하는 다른 항구에서 하게 되었지만 커피에는 여전히 모카라는 명칭이 남아있게 되었다.

앞에서 말했듯이 산지가 두 곳인 탓에 모카 커피라 불리는 것의 생두 형태는 큰 차이가 있다. 예멘산 모카 커피는 모카 숏베리(Short berry)라 불리며 생두의 형태는 이름 그대로 작고 짧은 형태이고, 에티오피아산 모카커피는 모카 롱베리(Long berry)라 불리며 생두의 형태는 비교적 크고 길이 또한 길다.

최초의 커피 하우스

1554년 터키의 콘스탄티노플(현재의 이스탄불)에서 다마스카스의 쉠지라는 남자와 아레포의 헤켐이라는 남자가 같은 시기에 커피 하우스를 개업했다. 이 두곳은 그때까지의 커피 하우스와는 전혀 다르게 장식에 심혈을 기울여 호화롭게 만들고, 사교와 자유로운 대화의 장으로 살롱(객실이나 응접실)을 제공했다.

그런데도 대금은 커피 값만 받았기 때문에 많은 사람들로부터 지지를 받았고, 어느 사이엔가 이 커피 하우스를 「카페 카네스 (커피 집이라는 의미)」라고 부르게 되었다. 이 카페 카네스가 때에 따라서는 이름이 붙은 커피 하우스 중에서는 세계 최초라고 일컬어지는 경우도 있다.

그 외 나라의 커피 하우스 개설의 역사는 베니스(1645년), 옥스퍼드(1650년), 런던(1652년), 마르세이유(1671년)… 등인데 유럽에서는 베니스가 가장 빨랐다.

먼저 커피 하우스라는 말에 가장 먼저 연상되는 국가는 영국일 것이다. 1652년 콘스탄티노플에 살았고 카페 카네스에도 출입했던 영국인 에드워드는 귀국한 후 터키에서 데려온 파스쿠와 로세에게 커피 하우스를 개점하게

했다. 이 커피 하우스는 연일 만원으로 그 점포를 흉내 내어 계속해서 개설되어 10년 후인 1662년경에는 런던에서만 3천 개의 커피 하우스가 있었다고 한다.

또 한 가지 커피 하우스에서 연상되는 것은 파리의 카페 테라스이다. 일설에 의하면 담배 연기로 실내가 더러워지거나 화재가 발생할 것을 우려한 가게의 주인이 카페 테라스를 만들었고 이것이 손님에게 잘 받아들여져 파리의 다른 가게들도 흉내를 내어 카페 테라스를 만들었다고 한다.

어쨌건 프랑스의 커피 하우스는 문학 카페로 유명하게 되었고, 영국의 커피 하우스는 보험 회사나 신문사의 발원지가 되었다고 한다.

현존하는 가장 오래된 커피 하우스

1686년 이탈리아의 귀족 프란체스코 프로코피오 디 코르테리가 파리의 코메디 프랑세즈 부근에 연 「카페 프로코프」가 현존하는 가장 오래된 커피 하우스이다.

「카페 프로코프」는 서민이 편하게 이용할 수 있도록 아라비아의 좌판에서 커피를 즐기던 형식에서 힌트를 얻어 마을의 도로에 의자나 테이블을 꺼내어 사람들이 지나다 들러 커피를 즐길 수 있는 현재 파리의 카페 스타일을 만들어 냈다.

이 아이디어는 큰 성공을 거두었고 그때까지만 해도 상류 계급 밖에 즐길 수 없었던 커피를 일반 대중에게 보급시켰다. 그리고 그 후에도 연이어 카페가 만들어 짐으로서 앙시앙 레짐(프랑스 혁명 때 타도의 대상이 되었던 절대왕정체제)으로 고통 받던 서민의 안식처가 되어 주었고 마침내 파리의 카페는 유럽 커피 문화의 중심이 되었다.

「카페 프로코프」에는 몽테뉴, 베르테르, 단테, 로베스피에르, 발자크, 유고, 벨레

뉴 등 유명한 사상가와 문학가들이 모여들었던 곳이기도 하며 한때 레스토랑화 되기도 했지만 1989년 프랑스 혁명 200주년을 기념하여 1층 입구 오른쪽에 카페를 다시 개설하였다.

덧붙여서 이탈리아의 현존하는 가장 오래된 커피 하우스는 베네치아의 유명한 「카페 롤리앙」으로 1720년에 창업했으며 베니스의 「카페 쿠아도리」는 1723년 창업했다. 또 독일의 문호 괴테가 이탈리아로 여행했을 때 방문한 「카페 그레코」는 1760년 창업으로 지금도 로마의 스페인 광장에서 번성하고 있다.

커피 하우스의 역사적 변천

최초로 커피가 유럽에 건너간 것이 1602년 로마, 1615년 베니스, 1616년 네덜란드, 1641년 영국, 1644년 마르세이유, 1657년 파리로 건너가 카페라 불리는 장소에서 마셔졌다.

본격적인 커피숍은 1645년에 이탈리아 베니스의 산마르코 광장에 있었고 현재 베니스에 있는 세계적으로도 유명한 '카페 플로리안'은 1720년에 생겨났다.

유럽에 전파되기 이전의 커피는 1500년대 후반에 많은 유럽인들이 시리아, 터키, 이집트 그 외의 아랍 제국 등을 여행하면서 그때의 기행기를 다수 써 놓고 있지만 그 중 하나로 당시 여행자가 "무언가 먹으려고, 마시려고 한다면 가게가 있다… 그곳에 잉크 같은 검은 카우베(Chaube)라는 음료가 있다… 사람들은 지면이나 좌석에 앉아서 함께 그것을 마신다… 그 땅(시리아의 중계도시 아레포)에 사는 사람들은 아침에 이 카우베를 마시는 습관이 있다… 그릇은 깊고 둥근 컵이다… 가능한 한 뜨거운 것을 마신다… 카우베의 열매는 월계수와 비슷하다… 다들 종종 카우베를 마시기 때문에 그것을 마실 수 있는 가게나 원두를 파는 가게가 많이 있다… 사람들은 각자 집 앞이나 바깥에서 마시는 것이 익숙해져 있다…"고 서술하고 있다.

커피가 유럽에 전파되고 나서 크리스트교도의 박해나 탄압이 있었지만 당시에는 와인을 대량으로 마시고 알코올 중독자가 많았던 시대여서 커피는 무알코올인데다 약효가 있는 음료라고까지 평가되어 커피 하우스 통해 급속하게 음용되었다.

이탈리아에서도 눈 깜짝할 사이에 확산되었는데 커피 하우스에 갈 수 없는 사람은 도로에서 주전자나 컵을 어깨에 걸고 걸어가는 사람에게 직접 판매하는 스타일도 있었다.

영국의 커피 하우스는 이탈리아보다 40년 정도 늦었지만 어느 나라보다도 확산 속도가 빨랐다. 1637년에 크레타인 학자 카노피우스가 영국의 옥스퍼드에 있는 바리올 대학 연구실의 테이블 위에서 자신이 만든 커피를 마신 것이 최초라고 전해진다. 그가 마신 커피가 런던에서 많은 커피 하우스의 음료로써 인기를 모았고 1652년에 처음으로 그리스인 파스크와 로세가 센트 마이켈 도로에 커피 하우스를 만들기에 이르렀다.

1687년에는 에드워드 로이즈가 런던의 타워 스트리트에 있는 템즈강 가까운 곳에 커피 하우스를 개점하고, 대항해 시대(大航海 時代)의 해외 정보 제공기지로서 현재의 로이즈 보험 회사의 전신이 되었다.

1700년대 초반에는 2000~3000점이었다고도 전해지는 커피하우스가 탄생했다. 거무죽죽한 색과 타는 듯한 냄새는 영국인에게도 낯설었지만 동시에 퓨리탄(개혁

적 그리스도 신자의 총칭으로 통상 정교도라고 번역된다)이라는 완고한 국민성으로 술을 경시하는 많은 사람들에게 자연스럽게 받아들여졌다. 그러나 1700년대에는 커피 가격이 높았을 뿐만 아니라 주로 의약품 매장, 화학품 매장 등에서 판매되고 의사의 처방전 등에도 사용되었기 때문에 당시의 커피 음용은 어떤 의미에서 부자들의 음료 중 하나였음에 틀림 없었다.

그밖에 프랑스에서는 정치가나 문학자, 학자 등의 토론장이며 혁명의 발상지로서의 역할을 하였으며 이탈리아에서는 예술가들의 모임 장소로서 건축이나 미술 등의 예술을 탄생시켰고, 오스트리아에서는 합스부르크가의 보호 아래 발전되었다.

그 후 변천에 의해 현재의 커피 하우스 스타일은 전통적인 이탈리아의 바(Bar) 스타일, 프랑스의 역사적 건축물 중에 있는 점포 내와 바깥에 테라스 식으로 만든 오픈 카페 스타일, 미국에서 유행한 컴퓨터를 점포 내에 두고 자유롭게 사용하게 하는 인터넷 카페 스타일, 일본의 풀 서비스 스타일 등 커피의 풍부한 향과 함께 행복을 추구하고자 하는 고객을 만족시키기 위해 다양한 커피 하우스가 생겨났다.

커피 세레모니

에티오피아, 아라비아, 터키 등에서는 현재도 커피 음용의 의식이 친구들을 접대하는 장소에서 행해진다. 에티오피아 커피 세레모니 해설에 의하면 「커피를 마시는 의식은 가족이나 친구와의 이해를 깊게 하기 위한 것이다. 연장자를 공경하거나, 인생에 감사하기 위한 장으로 살아있는 기쁨을 재확인하는 사교상의 의식」이라 한다.

Tip

- 의식에서 커피를 만드는 쪽은 여성이고 그 절차는 다음과 같다고 한다.

1. 먼저 손님이 방문할 시간에 맞추어 유향이라 불리는 향을 피운다.
2. 사전에 준비해 둔 석화로 물을 끓여 두고 생두를 물로 씻는다. 볼(bowl) 안에 물을 2~3회 바꾸어 가며 외피를 제거한다.
3. 깊은 프라이팬을 석화에 올리고 씻은 원두를 금속 스푼으로 섞어가며 프렌치 로스트까지 볶는다.
4. 목재의 그릇에 원두를 넣고 금속 봉으로 잘게 부순다. 의식에서는 물로 씻은 생두, 배전한 원두, 분쇄한 원두를 참가자 전원에게 보여준다.
5. 다음으로 쟈바나(터키에서는 체즈베라고 부른다)라 불리는 검은 도자기 추출 포트에 물을 넣고 데우는 중간에 커피 가루를 위쪽의 작은 구멍으로 넣는다. 그리고 5분 정도 불을 가한다. 그 때 중간 중간 주걱으로 쟈바나 안의 물과 가루의 상태를 확인해가며 섞어준다.
6. 불에서 내리고, 쟈바나를 조금 기울여 두는 독특한 받침대에 올린 후 가루가 가라앉을 때까지 1분 정도 둔다.
7. 손잡이가 없는 작은 컵에 커피를 붓는다.
8. 커피는 주빈이나 연장자부터 제공되며 처음 한 잔이 제공되고 뒤이어 서열대로 주어진다. 첫 번째가 끝나면 또 물을 붓고 끓여 두 번째, 세 번째로 진행한다.

약 1시간 반에서 2시간에 걸친 의식이다. 순서 중에서 커피를 볶을 때 정향이나 생강 등의 향신료를 넣거나 추출할 때 소금이나 버터를 넣어 마시는 방법도 있으며 마실 때는 양 입술을 좁혀서 조금씩 마시는 것이라 한다.

베리에이션 커피의 역사

지금 우리가 터키 커피라고 부르는 음용 방법이 확립된 때, 즉 1500년대에는 아직 설탕이나 우유를 사용하지 않았다. 처음에 사용되었던 것은 용연향, 정향, 계수나무 껍질 등의 향신료였다. 1500년대에 설탕이 없었던 것은 아니지만 아직 이용되지 않았고 비싸기도 했다.

그렇다면 언제부터 설탕이 사용되었는가? 문헌에 따르면 "1625년경부터 카이로의 커피 하우스에서 넣은 것도 있다"라고 독일의 식물학자 베스링그의 견문기(1639년 출판)에 쓰여 있던 것이 최초이며 설탕이 일반적으로 널리 사용된 것은 커피가 유럽에 전해지면서부터 꽤 시간이 지난 1700년대 초반이 되고 나서였다.

우유를 커피에 처음으로 이용한 사람은 1660년경 네덜란드 대사로 중국에 체류하고 있던 뉴호프인데 그는 어느 날 밀크티(Milk Tea) 대신에 처음으로 우유를 넣은 커피를 마셨고 이것이 커피에 우유를 넣은 최초의 일이라 한다.

또한 프랑스의 의사 슈르 모닝은 1685년 카페오레를 약으로 사용하였고 이 카페오레는 가정에서 마시는 커피로 보급되었다. 모닝이 만든 커피는 볼(bowl) 한 잔 분의 우유를 데우고, 끓게 되면 한 잔 분의 커피와 한 잔 분의 설탕을 더해 잠시 약하게 데우는 것이었다고 한다.

제2장 커피 생산과 형태

HAND DRIP COFFEE

Coffee

각국의 대표적인 커피 메뉴

커피는 기호음료지만 어느 가정에서나 거의 매일 마셔진다해도 과언이 아니다. 그 방식도 단순히 페이퍼 드립 커피에서 에스프레소로 추출한 베리에이션 메뉴 커피까지 다양하게 즐기고 있다. 마찬가지로 커피 생산국이나 소비국에서도 전통적으로 자국(自國)에서 생겨난 커피 메뉴가 큰 부분을 차지하고 있는데 그것은 오랜 시간 동안 그 나라의 자연, 풍토, 역사 등에서 생겨났을 것이다.

여기서 세계 주요 국가의 커피 메뉴를 잠깐 살펴보면,

프랑스

● **카페오레**
뜨거운 커피와 데운 우유를 반반씩 동시에 부어 원하는 분량의 설탕을 넣는다.

● **카페로열**
커피를 넣은 컵 위에 스푼을 올리고 브랜디를 부은 각설탕에 불을 붙여 커피 안에 넣는다. 휘핑크림을 그 위에 올린다

이탈리아

● **카푸치노**

에스프레소에 스티밍한 거품을 낸 우유를 혼합한 것

● **에스프레소**

에스프레소 머신을 이용해 추출한 25ml~30ml의 커피

오스트리아

● **비엔나 카푸치나**

작은 컵에 강배전한 커피를 넣고 거품 낸 우유를 더하고, 잘게 자른 초콜릿을 잔뜩 올린다

● **카페 멜랑쥐**

컵에 커피와 거품을 낸 우유를 반씩 넣는다

● **카페 크림 오렌지**

차갑고 진한 커피, 오렌지 리큐르를 바닐라 아이스크림 위에 붓고, 휘핑 크림, 오렌지 슬라이스를 마지막에 올린다

영국

● 아이리쉬 커피

V자형의 가늘고 긴 컵에 아이리쉬 위스키를 넣고, 다음으로 강배전해 추출한 커피, 마지막으로 가장 위에는 휘핑크림을 올리고 그 섞이지 않는 조합을 맛본다

브라질

● 카페 카리오카

글라스 안에 럼주, 설탕을 넣고 커피를 붓는다. 그 위에는 껍질을 제거한 오렌지 슬라이스와 초콜릿을 올린다

터키

● 터키쉬 커피

이브릭에 강배전하고 가늘게 분쇄한 커피 가루와 물을 넣고, 세 번 정도 끓여 거르지 않고 음용한다

멕시코

● 카페 카카오 프라페

추출한 아이스 커피, 카카오 리큐르, 우유, 잘게 분쇄한 얼음을 믹서에 한 번 넣어 섞고 잔에 붓는다

커피 벨트

커피나무의 재배에 적당한 토지는 유기질이 풍부한 토양, 배수가 잘 되는 토양 그 외에도 연간 평균 기온이 18~25℃, 강우량이 연간 1600mm이상, 적절한 햇빛이나 냉기의 온도차도 필요로 하는 등 다양한 조건이 요구된다.

이상과 같은 조건에 맞는 토지는 남북회귀선 즉, 적도를 사이에 두고 남위 23도, 북위 27도 사이에 있는 열대 지방과 일부의 아열대 지방인데 이 커피 생산지대를 「커피존」 또는 「커피 벨트」라 부른다.

커피 재배에는 충분한 햇빛이 필요함과 동시에 나무 주변의 지면을 차게 하기 위해 그늘도 필요하다. 그 때문에 바나나, 옥수수, 망고 등의 나무를 심게 되는데 이런 나무를 「쉐도우 트리」라고 부른다. 나라에 따라서는 그늘이 생길 수 있는 급격한 산의 경사면을 이용해 재배하는 곳도 있다.

커피는 열대성 식물이기 때문에 기후, 위도에 큰 영향을 받아 재배된다. 적도에 가까운 나라의 대부분이 조건에 맞는 자연, 토양이라면 재배가 가능하며 품종에 따라 다소 차이는 있지만 커피 벨트 범위 이외에서의 재배는 일반적으로 불가능하다. 커피 재배의 조건에는 여러 가지가 있는데 그 중에서도 가장 영향을 많이 받는 것이

기온이다. 일사량이나 건열풍, 적은 비, 가뭄에도 영향을 받지만 특히 저온이 되면 서리에 의해 커피나무의 잎은 검게 되어버리고 시들게 된다.

또 커피나무의 재배에 적정한 토양은 질소, 인, 칼륨, 칼슘분이 풍부하고, 부식토가 두껍게 덮여 있는 곳이 좋고, 강한 산성이나 알칼리성의 토양은 좋지 못하다.

이러한 여러 가지 조건에 적정한 토양은 현재 세계의 약 70여 개국이며, 커피존에 위치한 이들 생산국에 대해 커피존 보다 위쪽의 북위 지역에 있는 독일, 프랑스, 이탈리아, 미국, 캐나다, 영국, 대한민국, 일본과 남위의 호주 등에서 커피가 대량으로 소비되고 있다.

커피의 3대 원종

커피나무의 품종을 분류하면 300종 이상이 되지만 현재 커피 음료로써 활용되는 것은 그 중 3종류 밖에 없는데 그것이 아라비카종, 로부스타종(카네포라종), 리베리카종이며 이 3가지를 일컬어 커피의 3대 원종이라 부른다.

아라비카는 품질이 뛰어나 커피 음료에 가장 적합하며, 그 결과 생산량도 가장 많아 커피벨트 전역에서 재배되고 있다. 원산지는 에티오피아이이며 평균 기온은 20℃, 400~2500m의 고지대에서 재배되고 있다. 다만 아라비카는 커피 재배의 큰 적인 녹병에 약하기 때문에 나무 그루 수를 많이 해 둘 필요가 있다.

Arabica (아라비카)   Robusta (로부스타)   Liberica (리베리카)

반면 로부스타종의 원산지는 아프리카의 콩고인데 로부스타라는 뜻은 "괜찮다" 혹은 "건강하다"라는 의미로, 그 이름에서 나타나듯이 토양이 좋지 못한 곳에서도 재배할 수 있다. 녹병에도 강하며 저지대에서도 재배 가능하다는 이점이 있으나 맛과 향기가 모두 아라비카종에는 미치지 못한다.

리베리카종의 원산지는 아프리카의 라이베리아이며 병충해에 강하고, 한해(旱害)나 개화중의 비 등에도 강하다. 나무 그루 수가 많지 않아도 되며, 재배 비용도 저렴하다는 이점이 있으나 현재 상업용으로는 거의 사용되지 않는다.

아라비카종과 로부스타종

   커피나무는 열대성의 상록수로 꼭두서니과의 식물이며, 그 품종은 약 300여종이라 하는데 세계적으로 주로 유통되는 것은 아라비카종과 로부스타종이다.

   두 품종간에 차이를 살펴보면 다음 표와 같다.

구 분	아라비카종	로부스타종
식물학상 정식 명칭	COFFEA ARABICA	COFFEA CANEPHORA
재배지	적도 바로 아래의 열대지에서 아열대 고지대	적도 바로 아래의 열대에서 아열대 저지대
재배고도	1000m~2,500m	700m이하
토양	화산지대	화산지대
원산지	에티오피아	중앙아프리카 (콩고)
적정 강수량	1500~2000mm	2000~3000mm
주된 생산지	브라질, 콜롬비아 등	베트남, 인도네시아 등
재배상의 문제점	병충해, 비, 서리에 약함 쉐도우 트리, 적정한 비료가 필요	비교적 재배상에서의 문제점 없음 고온다습한 기후에 적당
전 세계 재배량	약 70%	약 30%
농원 규모	중소 규모가 많다 (브라질 제외)	대규모가 가능
기계화 수확	곤란 (브라질 제외)	가능
맛, 풍미	고품질의 맛, 좋은 향	저품질의 맛, 향도 다소 문제
카페인 함유율	0.8~1.4%	1.7~4%
모양 / 센터컷		아라비카에 비해 둥근편 / 직선

커피의 재배 및 수확

커피가 되는 원료는 커피나무에 열리는 과실의 종자이다. 이 나무의 원산지는 에티오피아의 아비시니아 고원이며 학명은 커피나무라 한다.

커피나무 껍질은 거칠고, 회백색으로 잎은 밤나무의 잎과 비슷하며, 표면은 광택이 있고 가지의 같은 곳 좌우에서 두 개의 잎이 마주보고 생긴다.

나무는 그냥 두면 6~8m 정도로 성장하지만 재배용은 2m 정도에서 손질하는 것이 보통이다. 종자를 파종하고 3~5년 정도에 꽃이 피고 열매가 맺힌다.

커피나무의 꽃은 하얗고 가녀리며, 길이는 1cm 정도로 재스민과 비슷한 달콤하고 상쾌한 향기를 발산한다. 꽃은 개화하고 1~2일 정도 후면 떨어진다.

개화하고 꽃이 떨어진 후 6~8개월 동안 서서히 과실이 생겨나면서 커지고, 청록색에서 붉은색으로 성숙해 간다. 과실은 나뭇가지에 무수하게 열리게 되고 성숙한 과실은 색이나 형태가 체리와 비슷하기 때문에 「커피 체리」나 그냥 「체리」라고 불린다. 이 과실의 종자가 커피의 원료가 되는 커피콩 즉 생두라 일컬어지게 된다.

| Coffee Cherry | Green Bean | Whole Bean |
| 커피 체리 | 생두 | 원두 |

성숙한 과실을 수확하는데 있어 일부는 기계화 되어 있지만 대부분 사람의 수작업에 의존한다. 커피나무의 수확 가능 연수는 약 30년 정도에 이르는 것으로 알려져 있다.

커피 생두는 외피, 내피, 과육(펄프), 파치먼트라는 섬유질의 중피(내과피라고도 한다), 그리고 실버스킨이라 하는 은색의 얇은 껍질에 둘러싸여 있다.

생두는 보통 한 쌍이 편평한 면에 밀착하여 존재하는데 이것을 「평두」나 「플랫빈」이라 부르며, 때에 따라서는 1개의 원두로만 되어 있는 것도 있어 이것을 「환두」나 「피베리」라 부른다.

과실에서 꺼낸 종자는 극히 옅은 녹색을 띠고 있어 「그린빈」이나 「생두」라 부르는데 이 생두를 가공하여 가루로 만들고 추출해서 마시는 것이 커피이다.

그렇다면 여기서 커피 재배의 과정을 하나하나 살펴본다면 먼저 비닐로 만든 화분에 파치먼트의 종자를 뿌린다. 비옥한 토양에 묘상을 만들고, 파종을 마치면 2~3

개월 만에 발아가 된다. 발아하고 1개월 정도 지나면 떡잎이 나오고, 그 후 1개월째에 본 잎이 나오며 그 후 반 년 정도가 지나면 농장에 옮겨 재배가 시작된다. 재배 후 3~4년 후에 처음으로 꽃이 피고 열매가 열리게 되고 그렇게 반년 정도가 흐르면 열매가 새빨갛게 성숙해 수확할 수 있다.

실제 상업적인 수확은 종자에서부터 5~6년 후에 가능한데 그 동안 원칙적으로 일정하게 물을 뿌려 주어 건조되는 것을 가능한 한 방지하며 제초, 방충, 일사(특히 아라비카종의 일부)용의 쉐도우 트리로 커피나무를 지켜낸다. 이렇게 재배를 완벽히 수행한다면 상업적으로 30년 정도의 수확이 확보되는 것이다.

그리고 재배한 후에는 수확량을 늘리기 위해 각종 재배지에 적절한 품종 개량이 행해지거나 성목으로 15년 정도 지나면 커트백(Cutback)이라는 방법으로 뿌리에서 20~30cm 정도로 기둥을 잘라 남은 기둥에서 나오는 새로운 싹으로 늙은 나무를 재생시키는 방법도 행해지고 있다.

이어서 커피 수확 측면을 자세히 살펴본다면 세계 커피 생산국 중 적도를 중심으로 대체적으로 북쪽 나라들은 10월에서 3월 경, 적도 바로 아래의 나라에서는 주 수확시기와 서브 수확 시기가 있지만 전반적으로 5월에서 10월경이 수확기가 된다.

기본적으로 수확 지역은 산악 경사지가 많아 대부분 기계화된 수확이 불가능하기 때문에 사람의 손으로 체리를 딴다. 그러나 브라질의 경우에는 비교적 평탄한 재배지가 많고, 재배 면적이 200만 헥타르에 해당하는 2만여 개의 농원이 있고, 개별 평균 농원 면적이 9헥타르 18,000그루에 이르고 있기 때문에 기계화 수확이 행해지고 있다.

브라질은 또 수확이 단기간에 끝나는 것이 아니라 연이어 성숙한 과실을 수확하기 때문에 하나의 파젠다(브라질의 농지제도로 지주가 이민에게 커피나무 등을 재배하게 하는 일종의 청부개간제)에서 대체로 2개월 정도가 필요하다. 수확기에는 건기 시즌이어야만 하는데 그 이유는 비가 올 경우 체리가 낙하하거나, 떨어진 체리가 땅의 냄새를 흡수 해 품질이 나빠지기 때문이다.

그리고 하와이는 인건비가 높은 지역의 경우 경사면에서는 기계가 쓰여지지 않고, 평탄한 지역에서는 기계화 수확이 행해진다.

커피의 가공방법

수확된 커피 체리는 가능한 한 빠른 시간 내에 정제가공에 들어가는 것이 필요하며 커피의 가공 방식에는 수세식 가공(Washed Process)과 건조식 가공(Natural or Dry Process)이 주로 행해진다.

– 수세식 가공(Washed Process)

과실의 세척 → 수조에 담가 과육 제거 → 발효조(발효를 위한 용기)에 담가 잔존 과육 발효 제거 → 세척 → 건조 → 탈곡 → 생두의 단계이다.

물로 씻어 건조한 단계에서 커피는 아직 내과피에 쌓여 있는데 이 상태를 파치먼트 커피라 말한다. 최초의 세척에서 수조에 담가 두는 이유는 과육을 씻음과 동시에 중량 차이에 의해 미성숙 원두(죽은 원두)나 불순물을 제거하는 것이 주된 목적으로서 발효조에 담가 두는 것은 남은 과육이나 점액질을 발효시켜 제거하는데 목적이 있다.

– 건조식 가공(Natural or Dry Process)

천일(천연 건조조건에서 태양열을 이용하여 건조하는 것) 혹은 기계 건조에 의한 과육 제거 → 탈곡 → 생두의 단계이다.

건조는 천일에 의해(3주간 정도) 행해지는 경우와 기계화 된 열풍으로 행하는 경우 두 가지가 있는데, 건조 후 평균 수분 함유율은 11~13%가 최적이다. 만약 그것보다 많은 수분이 있을 경우 변색 되거나 곰팡이가 생길 위험이 있다.

– 펄프드 내추럴(Pulped Natural)

과실의 세척 → 수조에 담가 과육 제거 → 건조에 의한 잔존 과육 제거 → 탈곡 → 생두의 단계이다.

건조식보다 결점두의 함유량이 적고, 수세식에 비해 단맛과 바디감이 강하다.

생산지에서의 수출 출하

커피는 비교적 보존성이 있는 농산물임으로 파치먼트 상태로 보존 조건만 충족시키면 상품으로서의 가치를 가진다. 커피는 생산량에 의해 매년 변동 시세가 적용되기 때문에 파치먼트 그대로 보존해 수출 단계에서 정선 가공(생두에 혼입되어 있는 불순물의 제거 작업)을 하는 경우가 많다. 또 환금 농산물(팔아서 돈을 얻으려고 가꾸는 농작물)로써 소규모 농장에서는 자금이 필요한 때에 정선 가공해 그것을 수출 출하하곤 한다.

정선 가공은 생산국에서 수출품 규격에 적합하게 하기 위한 것이기도 하고 또 소비자의 희망에 따라 이루어진 후에 삼베 주머니에 넣는다. 그것들을 브로커, 수출업자 등을 통해 수출 수속을 마친 후 커피 소비자에게 출하 된다.

생산국에 따른 품질 기준

    커피 재배국에 있어 자국에서 재배된 커피 생두의 수출은 무역 외화 획득에 상당히 중요한 역할을 담당하고 있으며 여기서 얻은 외화에 의해 나라 경제가 형성되고 있다. 에티오피아나 탄자니아 등에서는 외화 수입의 50% 가까이를 커피로 얻어 들이며, 공업국이 되었다고 말하는 브라질에서도 외화 수입의 3~5%를 커피 수출이 점유하고 있다.

    따라서 이렇게 중요한 수출 효자 상품을 각 수출국에서는 독자적으로 품질 기준이나 등급을 정해 엄격한 관리를 하고 있다. 중요 커피 생산국의 공식적인 혹은 비공식적인 등급 지정에 있어서의 최근 특징은 커피 생산량 증대로 인한 커피 시세의 하락이 진행되어 공식적, 비공식적 기준 외에 산지명이나 컵 테스트에 중점을 두는 경향이 꽤 강해지고 있다는 것이다.

생산국	선별도	스크린	정제방식	수확지의 고도	수확주	수확지명
브라질	*	*			*	
콜롬비아		*			*	
자메이카	*	*	*	*		*
과테말라				*		
에티오피아	*	*				*
탄자니아	*	*	*			
인도네시아	*	*	*			*

산지별 품종, 자연조건, 정선 방식에 따른 특징

산지	향	산미	감칠맛	쓴맛	블렌딩 적합여부	추출 후 유지력
중남미 고지대산 수세식 아라비카종	○	○	△	x	○	△
중남미 저지대산 수세식 아라비카종	x	△	△	△	○	△
아프리카 고지대산 수세식 아라비카종	○	○	△	△	△	△
아프리카 저지대산 수세식 아라비카종	x	△	△	△	x	x
아시아 고지대산 수세식 아라비카종	△	△	○	△	△	△
남미산 건조식 아라비카종	△	△	○	△	○	○
아프리카산 건조식 아라비카종	△	△	○	△	○	○
아시아산 건조식 아라비카종	△	△	○	△	○	○
건조식 로부스타종	x	x	x	○	△	△
수세식 로부스타종	x	x	x	○	△	△

뉴 크롭, 패스트 크롭, 올드 크롭

　국제적으로 커피 생산년도라 말하는 기준은 10월에서 다음 해 9월을 1년으로 한다. 그리고 당해 연도에 생산된 생두를 뉴 크롭 이라 하고, 1년이 경과된 생두를 패스트 크롭, 2년이 지난 생두를 올드 크롭이라 일컫는다.

　생두는 가능한 한 최근에 생산된 생두를 사용해야 신선한 맛, 풍미를 가지므로 보통 수확 연도가 오래될수록 품질이 저하되고, 가격도 내려간다.

- 에이지드 커피

　에이지드 커피(숙성 커피)란 보통 생산국에서의 수출 출하까지 가능한 한 통풍을 좋게 하고 습도가 낮게 관리된 창고 내에서 파치먼트의 상태로 보관되며 일정한 조건 즉 온도 20~25℃, 습도 40~50% 전후에서 보관, 적어도 출하되기 전 1~3년을 생두의 상태로 보존되었던 원두를 말한다.

　에이지드 커피는 인도네시아의 슐라웨시, 수마트라에서 생산되고 있는 칼로시 등 소규모 농장주가 환금의 필요성에 따라 출하한다. 원두는 초콜릿색으로 변색되고, 감칠맛이나 산미도 거의 빠져 버리는 경우가 많다.

- 몬순 커피

몬순 커피는 18~19세기경에 인도에서 재배된 커피를 당시의 큰 소비지였던 유럽에 운송하는 경우 아라비아 반도를 통과해 아프리카의 남단에 있는 희망봉을 돌아서 보냈는데 도중에 2번 적도 바로 아래를 경유하게 된다. 그 과정에서 배 안의 온도, 습도로 인해 커피 생두는 황색으로 변하고, 독특한 풍미를 발생한다. 이 원두의 맛에 익숙해진 소비자들의 요구에 따라 인위적으로 수출까지 배 안에서 일어날 수 있는 상태를 시뮬레이션 해서 만든 커피이다.

커피의 품종 개량

아라비카종의 원산지는 에티오피아로 알려져 있고 그 후 에티오피아 이외의 나라로 이식되는 단계에서 그 지역에 맞는 여러 가지 품종이 생겨났다.

아라비카종의 재래종인 버번(부르봉)종의 종자는 프랑스의 동인도 회사가 최초로 1708년 인도양 위의 부르봉 섬(현 레위니옹 섬)으로 예멘의 모카에서 가져왔다. 그것은 1715년에 재배가 성공하였고 섬의 이름을 붙여 부르봉종이 탄생했다.

한편 프랑스 해군 대위 라브리엘 클리외에 의해 파리의 식물원에서 재배되고 있던 커피 묘목을 카리브해의 마르티니크섬에 이식한 것이 또 하나의 재래종이라 불리는 티피카종이다.

이 생두는 부르봉섬에서 브라질로 건너감과 동시에 중남미의 각 생산국에서 이식되어 현재의 품종인 재래종이 되었다. 그 단계에서 변이종(마라고지페종 등)이 발견되기도 하고 만들어지기도 하는 등 개량종이 속속 생겨나게 되었다.

- 부르봉(Bourbon)

조생종으로 타 품종과 비교하면 입자가 작다. 나무가 약하고 격년 수확으로 생산성이 떨어지며 병에는 약하지만 맛은 아주 뛰어나다. 재배지가 축소 한정되어 있다.

- 문도노보(Mundo Novo)

1943년에 발견되었으며 수마트라종과 부르봉종의 교배로 생겨난 브라질의 대표 품종이다. 생산성이 뛰어나지만 나무가 높아 작업 효율이 떨어지는 문제가 있다. 잎과 잎 사이의 폭이 다른 종에 비해 길고 3년 정도에 3~4m 성장한다.

- 카투아이(Catuai)

문도노보의 결점을 개량하기 위해 생겨났다. 카투라종과 문도노보종의 교배종으로 나무가 낮고, 생산성이 뛰어나다.

- 카투라(Catura)

녹병에 강하고 생산성이 뛰어나지만 격년 결실을 맺는다.

- 이카츠(Icatu)

아라비카종(부르봉)과 로부스타종의 교배종이다. 녹병에 비교적 강하다.

- 베리에다드 콜롬비아(Variedad Colombia)

콜롬비아에서 교배되어 만들어진 품종으로 카트라종과 하이브리드티모르종의 교배종이다.

커피 재배의 어려운 점

- 서리

세계 최대의 커피 생산국인 브라질에서는 종종 서리에 의해 큰 피해를 입는다. 1918년에서 1920년에 걸쳐 52.6%, 1975년에서 76년에 걸쳐 69.2%나 서리로 인하여 생산량이 줄었다.

브라질은 6~8월(남반구의 브라질은 겨울이다)에 차가운 비바람이 불고, 서리가 엄습하는 경우가 있다. 그렇게 되면 그 해의 수확에는 직접 영향이 없지만 다음해는 급격히 수확량이 감소하여 수급의 균형이 크게 무너지고, 가격 상승을 가져온다.

또 안개가 생기면 커피 잎은 갈색으로 변색하고 더 심한 경우에는 가지나 잎뿐만 아니라 나무 그 자체가 시들어 죽어버리고 마는데 그것을 회복하는 데에는 수년이 요구된다.

- 엘니뇨 현상

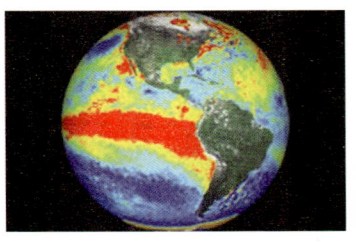

남미 에콰도르에서 페루에 걸쳐 일어나는 해수온이 2~5℃ 상승하고 서부 태평양의 해면 온도가 내려가는 현상에 의해 태평양, 인도양 일대(일부 카리브해)에서 생기는 이상 기상현상이다.

1982년과 1983년에 대규모로 발생하여 인도, 아프리카에서 큰 가뭄, 1990년 봄에는 페루에서 홍수, 인도네시아에서 가뭄, 1997년에는 열대 지방에 가장 직접적으로 극심한 영향을 주어 아프리카 동부의 가뭄, 케냐의 홍수, 필리핀, 파푸아뉴기니, 호주에서는 가뭄이 발생했다. 남미에서는 에콰도르 서부, 페루 북부, 콜롬비아 서부에서 강한 비로 인한 피해가 발생하는 등 엘니뇨로 인한 태평양 지역에 기상 변동은 커피의 수확에 큰 손해를 끼친다.

- 녹병

　지금 인도 같은 홍차 생산국으로 유명한 실론(스리랑카)은 오래전부터 커피 재배국 이었다. 그런데 1886년 녹병이 생겨 전멸해 버리고 말아 그로 인해 홍차로 바뀌게 된 것이다. 녹병의 균은 잎의 뒷면에 붙어 잎 속에 균을 퍼뜨려 양분을 빨아들이는데 처음에는 직경 1~2mm의 담황색 작은 점이 생기는 정도이지만 그 반점 안에 10만개의 녹병 포자가 있다고 한다.

　그렇게 되면 머지않아 잎의 표면에도 몇 십 개가 생기고 황록색으로 변할 때쯤에는 잎은 완전히 시들어 광합성의 기능을 잃게 되므로 시들게 되고, 열매를 맺는 것도 할 수 없으며 얼마 후에는 나무 전체가 죽어버린다.

　녹병균의 번식력은 상당히 강하며 처음에는 1861년 아프리카에서 발생해 100년 만에 세계로 퍼졌다. 현재 약 30종류의 균이 발견되고 있지만 근본적인 대책은 마련되지 않고 있다.

- 해충

　해충은 커피나무의 잎, 열매, 뿌리, 줄기, 가지 등에 피해를 주어 생산량을 감소시킨다.

각각의 커피 가격차

• 생산 품종에 따른 가격차	아라비카종 〉	로부스타종
• 정제 가공에 따른 가격차	수세식 가공 〉	건조식 가공
• 재배 방법에 의한 가격차	대규모농장 〈	중소영세규모농장
• 수확 방법에 의한 가격차	기계화 수확 〈	수작업 수확
• 부가가치 재배에 의한 가격차	프리미엄 원두 〉	표준두
• 재배국에 따른 가격차	높은 토지가격/인건비 〉	낮은 토지가격

   커피는 기본적으로 각 산지별 특징을 알고 그 맛, 향을 즐기는 음료이다. 각 생산지의 원두를 자신의 취향으로 즐기는 것이 기본임으로 반드시 가격이 높은 커피가 맛과 향이 좋다고 하는 것은 옳지 못하다.

커피의 로스팅(배전)

커피 생두의 맛은 그 자체로는 쓰고 떫고 향기도 오히려 불쾌한 향을 가지고 있다. 이것을 배전하면 상큼한 신맛 또는 상쾌한 쓴맛과 향을 띠게 된다. 그렇다면 배전이란 무엇일까? 배전이라 함은 생두에 가열과 수분 제거의 상대적인 균형이 이루어지는 과정이라고 할 수 있다.

거기에는 200℃~230℃ 정도의 최적 가열 온도로 볶는 것이 필요하며, 그 결과 원두의 표면색이 갈색으로 변색되고 좋은 향기를 내게 된다. 계속해서 배전이 진행되면 갈색에서 검은색으로 변색됨과 동시에 생두에 포함된 12~13%의 수분이 증발하고, 탄수화물은 분해되어 일부는 수증기와 함께 증발되며 일부는 커피 침출액의 색소를 구성하는 카라멜 등으로 만들어진다. 그리고 커피 배전두의 표면은 카페올(Caffeol)에 의해 광택이 있는 오일이 나오게 된다.

- 생두와 배전두의 화학 성분

구분	생두	배전두(원두)
단백질	11.6%	3.1%
지질	11.4%	11.3%
헤미셀롤로오스	23.0%	24.0%
자당	7.3%	0.3%
셀롤로오스	12.3%	13.2%
클로로겐산	7.6%	3.5%
리그닌	5.6%	5.8%
회분	3.8%	4.0%
불명성분	14.0%	32.3%

 배전은 과거 오랜 시간 동안 석회, 해탄, 목탄 등을 연료로 해서 원형으로 만들어진 철 드럼 안에 생두를 넣고, 그 아래에서 가열해 배전되었다. 그로 인해 당시의 배전 온도는 800℃ 전후까지 이르게 되어 드럼 안에 들어있는 원두를 전혀 체크할 수 없고, 배전 시간도 30분 정도가 필요하였으며, 뜨거운 석회, 뜨거운 원두, 그리고 배전 시 필연적으로 나오는 연기 속에서 하는 위험한 작업이었다.

 이 방법의 배전은 기술력 부족으로 커피의 산미가 떨어지고, 쓴맛 위주였으며 커피만이 가지는 다양한 맛과 향이 부족했다.

1900년대에 들어서면서 연료가 가스로 바뀜과 동시에 배전 실린더의 개량에 의해 저온도에서 단시간(약 10분 전후) 배전이 가능하게 되었고, 그리고 배전 종료 후에 다공질로 부풀어 오른 원두에서 휘발성 성분이 급격히 날아가는 것을 방지하기 위해 급속 냉각 장치도 개발되어 커피 원두의 산지마다 섬세한 맛의 특성을 꺼낼 수 있는 배전이 가능하게 되었다.

– 아라비카종의 생두와 배전두의 일반 성분(%)

성분	생두	배전두(원두)
수분	9.5	2
조성분	27.2	17.5
환원당	0 ~ 0.5	0.2 ~ 2.6
자당	6 ~ 7	
지질	16.4	17
조단백질		10.2 ~ 17
순단백질	8.7 ~ 12.2	
클로로겐산	4.5 ~ 8.5	0.2 ~ 5.6
카페인	1.2	1.3
트리고넬린	1	0.1 ~ 1.2
구연산	0.5 ~ 1.5	0.3 ~ 0.9
물 추출물	33	26.5

커피향의 보존조건

 음료 중 커피만큼 향기 성분을 많이 가지고 있는 것은 없다고 해도 과언이 아니며, 커피의 향기는 다른 음료와 비교할 수가 없을 정도로 풍부하다. 그런 풍부한 향을 보존하기 위해 원두상태에서 밀폐 용기에 넣어 서늘하고 어두운 장소에 보관하는 것이 좋다.

 그리고 정확한 밀폐 상태에서의 냉동보관도 좋은 보존 방법이다. 다만 냉동고에서 보관하던 원두를 바로 개봉해서 커피 추출에 사용하면 안 된다. 냉동고에서 꺼낸 후 실온에서 완전히 해동을 마치고 개봉해 사용하여야 원두 표면에 물이 맺히는 결로 현상을 방지할 수 있다.

컵 테스트의 조건

커피는 농산품으로 재배지에서의 품종, 재배 시의 기후, 온도, 강우, 비료, 정선, 정제가공, 보관 등에 의해 맛과 향의 차이가 나온다. 또한 재배지에서 소비지로 가져온 생두는 배전 가공, 분쇄, 추출에 의해 비로소 입으로 들어간다. 따라서 커피 생산지와 소비지에서 행해지는 기본적인 테스트는 같더라도 각각 놓여진 환경 조건에 의해 테스트 방법이 달라지게 된다.

컵 테스트는 원두 각각의 특성(풍미, 향)을 확인하는 것으로 이른바 인간의 관능기관을 사용한 관능 평가테스트를 중심으로 행해진다. 기본적으로는 배전한 커피를 굵게 분쇄하여 컵 테스터라 불리는 전문가가 테스트용 컵에 커피 가루를 넣고 100cc 정도의 물을 부어, 떠오르는 가루를 제거한 후 단숨에 들이킨다. 그리고 컵 커피에 포함된 방향, 풍미, 바디 등을 체크한다.

소비지에서는 각 기업이 산지별로 테스트하여 그 특성을 확인하고, 산지별 배합비율을 정해 그 기업만의 독자 브랜드를 만든다. 경우에 따라서는 스트레이트, 우유가 들어간 커피, 설탕과 우유를 넣은 커피 등 각각의 방식으로 가능한 한 소비자가 평상시에 마실 수 있는 조건을 충실하게 구현하는 경우도 있다.

어시디티(Acidity), 아로마(Aroma), 바디(Body), 플레이버(Flavor)

- Acidity (산미)

해발 고도가 높은 생산지에서 재배되는 원두에 많고, 좋은 향을 낸다. 산미는 커피에 있어서는 상당히 바람직한 특성으로 구강의 상부에서 그것을 느낀다. 커피의 산미는 샤프하고 깨끗하지만 가끔 밋밋한 산미를 발견하는 경우도 있다. 그러나 불쾌한 신 맛과는 혼동하지 말아야 한다.

- Aroma (방향)

방향이라는 것은 맛의 표현에서 나온 감각 용어로 커피 특유의 향을 발하는 바람직한 향을 내는 물질이다. 화학적으로는 알데이드, 케톤, 에스테르, 휘발성 산, 페놀 물질 등이 대표적인 것이다. 예를 들어 커피에서 꽃 향, 와인 향 같은 특정 용어는 미묘한 뉘앙스를 가지며, 커피의 방향에서 나온 단어이다.

- Body (맛의 두께)

혀에 있는 커피의 느낌을 느끼는 것으로 입안에서의 끈적임, 무게, 두께, 향기로움을 말한다. 예를 들어 입 안에서 우유와 물의 비교 감각의 차이를 생각하면 된다. 커피의 바디는 추출 중에 생기는 오일과 섬유질의 관계에서 나온다. 단, 커피 추출액의 점도가 증가하는 것은 아니다.

- Flavor (맛, 풍미)

입 안에서 커피 전체를 느끼는 감각을 말하며 산미, 방향 및 바디는 플레이버를 구성하는 모든 것이다. 그 맛의 전체를 느끼는 균형과 센스가 플레이버(맛, 풍미)라고 할 수 있다.

커피의 품질 체크법과 포장 조건

커피는 신선 식품으로 인식해야 한다. 그래서 구입한 원두나 원두 가루의 상태로 향기를 맡거나 추출 시에 탄산가스의 기포가 충분히 나오고 있는지, 그 때 향기는 어떤지, 좋은 향이 있는지 등을 체크할 필요가 있다. 그리고 적어도 맛의 측면에서는 산미, 쓴 맛의 정도를 감응하는 것이 중요하다.

커피의 향기 성분에 대해서는 과거에 대다수의 연구 보고가 있었다. 향기 성분은 복수의 성분으로 되어 있으며 현재 그 수는 약 1000가지 정도가 있다고 알려져 있다. 향기는 가장 가벼운 드라이(Dry) 아로마(상온에서 발휘, 소멸되는 방향 성분)에서 추출 시 물이 닿았을 때 느껴지는 웻(Wet) 아로마가 있다.

먼저 코를 이용해 아로마를 확인하고, 다음에는 입 안에서 느껴지는 커피의 플레이버를 구별하는 것이 중요하다. 기본이 되는 향은 커피의 생두에 포함되어 있는 성분(지질, 당질, 단백질 등)이 배전 가열에 의해 서서히 화학 변화를 일으키는 것에서 아로마와 플레이버가 생긴다. 그렇기 때문에 배전 조건에 의해 향의 구성분포가 변화하는 것이다.

포장의 조건으로 이들 향기 성분이 흩어지는 것을 방지하는 재질로 만드는 것이 최적인 것은 말할 필요도 없다. 가스 차단성의 포장재를 사용하고, 외기의 질소를 포장 내에 들어가지 않도록 혹은 포장내의 향기 가스를 흩어지지 않도록 하는 재료가 최적이다.

그것에는 원웨이(One-Way)밸브를 포장 재료에 접착시킨 형태가 주류가 되어 있으며 질소치환포장, 진공포장 등이 있다. 가정에서는 필요한 커피 양만을 구입해 신선한 커피를 마시는 것이 맛있는 커피를 마시기 위한 정석이다.

블렌드(Blend)커피, 싱글 오리진(Single Origin)커피

커피 생산국에는 각각의 생산 조건이 있다. 예를 들면 배전된 커피 원두의 품종, 기후, 온도, 강수량, 토양 그 외 재배에서의 환경 조건에 따라 수확되는 원두의 맛이나 방향이 다르다.

중미의 아라비카종 원두는 비교적 고도가 높은 토지에서 재래 품종의 생두가 재배되기 때문에 산미가 특징이고 브라질 재래종에서는 그 재배지에 적합한 생두 혹은 수확 수량이 많은 생두에 품종을 개량하거나 하는 경우도 있어 비교적 중용의 맛, 향기가 있다.

한편 인도네시아 등 저지대에서 수확된 로부스타종 생두는 카페인의 양도 아라비카종의 두 배나 포함하고 있는 반면 강하고 독특한 향기가 있다.

– 블렌드(Blend)

① 커피를 마시는 사람이 추구하는 맛이나 방향을 즐길 수 있게 각각의 커피 생산지 특성을 살리는 동시에 결점을 보완해서 더욱 좋은 풍미를 만들어 내기 위해 만든다.
② 양질의 원두만을 블렌딩 한다고 해서 반드시 좋은 품질의 커피가 되는 것은 아니다.
③ 특색을 내기 위해서는 적어도 그 베이스가 되는 원두를 30%는 사용할 필요가 있다.

④ 배합 품종은 3~4 종류가 한도이며, 그 이상을 넣어도 그다지 의미가 없다.
⑤ 안 좋은 풍미가 혼입되면 전체의 맛을 잃게 될 우려가 있다.
⑥ 추출시 시간에 따른 변화가 빠른 원두가 있고 느린 원두가 있다.

- 싱글 오리진(Single origin) 커피

싱글 오리진(Single origin) 커피라는 것은 특정 산지의 원두만을 100% 사용하여 만들어진 커피를 말한다.

스페셜티 커피(Specialty Coffee)

스페셜티 커피라는 용어가 생길 당시 전미 스페셜티커피협회(NSCA)가 구분하고 있는 「스페셜티 커피」라는 용어의 내용은 스트레이트 커피, 다크 로스트 커피, 블렌드 커피, 디카페인 커피, 플레이버 커피, 유기재배 커피로 나뉜다.

그 중 스페셜티 커피라는 단어가 일부 특징지어져 종래의 범주와는 다르게 사용된 것은 1978년 프랑스의 몽트레유에서 개최된 세계커피회의에서 미국 누에라 쿠누첸씨가 연설하는 도중에 발언한 것이 처음이라 한다. 그는 스페셜티 커피의 정의를 「산지의 특수한 기후로 인해 유니크한 향미를 나타내는 커피」라고 표현하고 있다.

그것의 전제 조건으로 「생두 상태에서 결점두가 없으며 크기와 건조가 적절해 음료상태에서 맛의 결점이 없고 특성이 있는 커피이다」라고 말하고 있다.

1970년 당시의 미국은 커피 소비량이 줄어들고 있었는데 그 주된 이유로 다음을 들 수 있다.
① 메이커의 가격 경쟁에 의한 원료 생두의 품질 저하
② 커피 생산국의 가격 변동에 의한 판매 가격의 변동의 심화
③ 소비자나 사업소에서 전기식 드립퍼 개발이나 사용 빈도가 일부 있었으나 퍼콜레이터에서의 취사 커피에 길들여진 습관에 따른 추출커피 맛의 저하
④ 다양한 메뉴 개발의 미흡
⑤ 청량음료와 과다 경쟁에 따른 젊은이들의 커피 기피 등

이런 환경에서 커피 관련 기업에서 큰 반성과 장래의 소비증가 전망에 알맞은 움직임이 일어나고 대규모 기업 커피 메이커 중심의 조직연맹인 NCA(전미커피협회)에서의 움직임이 아니라, 중소규모의 커피업자를 중심으로 하여 그에 관계된 여러 업태의 기업, 예를 들면 커피 생산자, 생산자 조합, 운송업자, 창고업자, 커피 무역상, 커피 저장고, 매스미디어, 관계관청 등이 가맹하여 1982년 SCAA(미국스페셜티커피협회)를 발족했다.

SCAA가 내세우는 각종 조건은 기본적으로는 5가지를 생각할 수 있다.
① 생두 생산지에서의 조건
② 배전 가공 조건
③ 포장과 판매의 조건
④ 추출에서의 조건
⑤ 음용시의 조건

이들의 움직임은 유럽으로도 확산되어 유럽스페셜티커피협회(SCAE)가 오슬로에서 설립되었고 한국(SCAK)과 일본(SCAJ) 스페셜티커피협회가 탄생되었다.

카페인이 인체에 미치는 영향

커피 원두 중에 포함되어 있는 카페인의 양은 보통 1.5% 정도이다. 아라비카종이 로부스타종의 반 정도를 함유하고 있으며 일반적으로 한 잔의 커피에는 60~80mg의 카페인이 함유되어 있다.

카페인은 소화, 혈액 순환 촉진, 이뇨 작용 등 신체에 각종 효과를 가져오기 때문에 알카로이드에 속하는 흥분제이며, 추출 후 커피 맛의 측면에서는 쓴 맛 성분이 된다.

카페인에 대해 민감한 사람에게는 시판되고 있는 디카페인 커피의 음용을 권장하고 있는데 미국, 유럽 등 대량 커피 소비국에서는 제품 판매의 10% 전후에서 디카페인 커피가 팔리고 마셔진다. 디카페인 커피는 커피에 포함된 98% 전후의 카페인이 제거되어 있다.

커피 감정사 (Cupper)

커피 감정사의 주된 업무는 감정사가 소속되어 있는 기업에 따라 각각 다르다. 커피 생산자, 출하업자, 정제업자, 수출업자, 수입업자, 배전업자 및 뉴욕이나 런던의 선물거래소에서 생산국 커피에 관한 모든 감정을 행한다.

① 생산국에서의 감정은 당해 연도, 당해 생산지의 커피 맛, 향, 수출 규격 등 품질을 감정
② 정제업자나 수출업자는 자사가 구매하는 커피 원두의 품질 감정과 수입국 측에서 의뢰받은 품질을 감정
③ 수입업자는 수입 시 계약한 조건이 갖추어져 있는지 상품 감정
④ 배전업자는 자사 구입의 품질 확인, 블렌딩 작업, 배전 조건 등에서의 품질을 감정
⑤ 뉴욕이나 런던의 선물 거래소에서는 거래처가 규격화 시켜놓은 품질을 감정

Tip.

품질 감정은 원형의 턴테이블에서 한다.
① 생두 평가 (생두의 종합 평가, 결점두, 사이즈 구분, 외관, 색 등)
② 테스트용의 생두를 테스트용 배전기에 각종 지정된 색으로 로스팅 한 배전두 평가 (외관, 센터컷, 색깔 등)
③ 조건이 설정된 분쇄도에 맞게 굵게 분쇄 된 가루 준비
④ 풍미, 향기의 테스트 (컵에 가루를 넣고 물을 부은 다음 떠오르는 가벼운 가루와 기포를 불어서 제거한 후 마심)
⑤ 같은 샘플은 적어도 3종류를 동시에 테스트
⑥ 맛. 관능 테스트 (산미, 바디, 아로마, 복잡성, 깊은 맛, 단맛, 자극적인 향 그 외의 특징)
⑦ 테스트는 뜨거운 커피와 그것이 식었을 때의 커피를 같이 행함

바리스타(Barista)

이탈리아에서는 카푸치노나 에스프레소를 파는 카페를 바(Bar)라고 부르는데 그 바에서 커피를 추출하는 일을 담당하는 사람이 바리스타(Barista)이다. 이탈리아의 바는 이탈리아인의 생활과 밀접한 관련이 있다. 가게의 손님도 단골이 많고, 바리스타는 손님의 취향(카푸치노의 거품이 많은 것, 적은 것 등)을 파악하여 거기에 맞는 맛을 제공한다.

이탈리아의 바에서는 저녁 영업시간에 각종 주류도 판다. 따라서 바리스타는 커피 전문가일 뿐만 아니라 술에 대한 전문 지식도 가진 스페셜리스트이기도 하다.

그밖에 미국에서는 커피 추출의 전문가를 바리스타라고 부르는 경우가 많다. 「스타벅스」에서는 커피 추출에 특화된 스페셜 리스트만을 의미하는 것이 아니라 원두 판매 전문점의 스탭도 접객 스탭도 포함해 스타벅스의 점포 운영에 관한 업무 전반을 하는 제너럴 리스트가 바리스타가 된다.

한편 바리스타의 기술과 센스를 겨루는 바리스타 대회가 매년 각지에서 개최되어 세계 대회도 열리고 있다. 규정 시간 내에 에스프레소와 카푸치노와 창작 커피를 만들어 심사하는 것인데 만든 커피의 맛뿐만 아니라 일하는 솜씨나 프레젠테이션 센스, 엔터테인먼트도 심사한다.

인스턴트(Instant) 커피

인스턴트 커피가 처음으로 세상에 나온 것은 미국 뉴욕 주에서 1901년에 개최된 빵 아메리카 박람회장에서 일본인 과학자 카토 사토리 박사가 발표한 것이 최초이다. 그 기술은 커피 생두를 로스팅 후 이를 냉각, 분쇄하고 증기나 열탕을 통과시켜 커피액을 추출, 다시 원심분리기에 넣어 입자를 제거하고 열풍으로 건조시키는 것이다.

이것을 네슬레사가 대량생산 하면서 해외의 수입 제품과 함께 소비자에게 간편성이 인정되어 소비가 확대되면서 현재에 이르렀다. 또한 미국에서는 그 제조 기술을 받아들여 1907년에는 인스턴트 커피가 군용품으로 제조되고 제2차 세계대전 후에는 일반 가정용으로도 넓게 소비되기 시작했다.

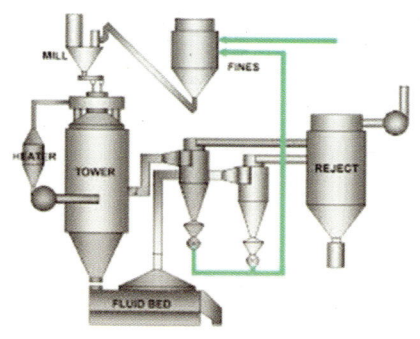

— 스프레이 드라이 인스턴트 커피 (분무 건조법 인스턴트 커피)

원료 생두 → 배전 → 블렌드 → 분쇄 → 연속식 고압 추출 → 여과 → 공기 과열 건조 → 제품

- 아그로메레이션 인스턴트 커피 (괴상법 인스턴트 커피)

> 원료 생두 → 배전 → 블렌드 → 분쇄 → 연속 고압 추출 → 여과 → 공기 가열 건조 → 재 증기에 의한 점착성 과립

- 프리즈 드라이 인스턴트 커피 (냉동 건조법 인스턴트 커피)

> 원료 생두 → 배전 → 블렌드 → 분쇄 → 연속식 고압 추출 → 여과 → 동결 건조 → 분쇄 → 제품

위 제조 과정 중 연속식 고압 추출은 커피의 농축도를 높여 가용 성분을 많이 뽑아내기 위해 행한다. 그 결과 배전두에서 약 30~35%의 추출물이 얻어지며, 농축 커피의 고형분에서 제품이 만들어 진다. 위 세가지 제품 모두 여과까지의 공정은 같지만 프리즈 드라이 방식에서는 여과된 커피 엑기스를 영하 40℃ 가까이까지 한번에 내려 얼음의 결정체로 만들어 분쇄하고 나서 건조실로 옮긴다. 건조실의 압력을 내리고 진공상태로 만들어 열을 가하면 얼음이 증발한다. 그렇게 되면 얼음은 물로 돌아가지 않고 그대로 증발해 수분을 남기지 않는데 이렇게 승화가 끝나면 얼음의 결정이 차지하고 있던 부분은 공간으로 남고, 다공질의 수분을 흡수하기 쉬운(녹기 쉬운)입자가 되어 향기도 남는 것이다.

스프레이 드라이 방식의 경우에는 여과한 커피 엑기스를 거대한 건조탑의 상부로 펌핑한 다음 공기 가열기로 고온화 된 열기와 맞부딪히게 함으로서 탱크 하부에 분무하는 것에 의해 수분이 제거되고 분말이 되는데 이 경우 증기를 외부로 방출할 때 향이 빠져 나가는 결점이 있다.

캔(Canned) 커피

캔 커피는 일본의 독자적인 개발 상품으로 1969년에 처음으로 시장에 나왔다. 캔 커피 음료는 커피 원두를 원료로 한 음료 및 여기에 당류, 유제품, 유화된 식용 유지, 그 외의 첨가물 등을 더해 캔에 밀봉한 음료이다. 최근 다양화 된 소비 욕구에 맞추어 폭 넓은 제품이 판매되고 있으며, 현재 일본에서 수입하고 있는 생두 총량의 25% 정도가 캔커피 제조에 사용되고 있다.

- 제조 공정

생두 배전 → 블렌드 → 분쇄 → 고온 추출 → 조합 (사전에 용해된 설탕, 유제품) → 균일화 → 가열 → 캔 충전 → 멸균 → 제품

액상(Liquid) 커피

리퀴드(Liquid, 액체) 커피를 말한다.

커피에는 크게 나누어 RC(레귤러 커피), IC(인스턴트 커피)로 분류되는데, 약 25년 전부터 리퀴드 커피라는 제품이 개발되어 판매되었다.

-제조 공정

생두 배전 → 블렌드 → 분쇄 → 가압 혹은 상온 추출 → 조합 → 균일화 → UHT살균 → 충전 → 제품

외식 관계에서의 간편성을 요구한 액체화 된 커피 서비스를 보급하기 시작한 결과 용기에 든 액체 커피가 개발되어 시장에 나왔고 초기에는 아이스 커피로의 소비가 많았다. 공업적으로는 연속가압추출로 액체화 하거나 상온에서의 추출도 폭넓게 행해지고 있지만 최종 제품은 농축 스타일이 아닌 스트레이트로 마시는 음료로 완성된다.

제3장
핸드드립커피

HAND DRIP COFEEE *Coffee*

왜 핸드드립 커피인가

우리나라의 커피 전문점 수가 2013년 기준 15,000개를 넘어섰고 그중에 커피를 직접 볶는 집(이하 로스터리 샵)이 1,200개가 넘어섰다고 한다. 로스터리 샵이 늘어간다는 사실은 소비자들의 기대치와 연관이 있다고 생각한다. 이는 예전의 소비자들이 만남의 장소로 커피 전문점을 이용했다면, 지금은 커피의 맛과 향을 즐기는 소비자들이 늘었다는 반증이기도 하다.

현재 대부분의 커피 전문점은 에스프레소 머신을 이용한 메뉴들을 만들어 내고 있지만, 최근 들어 생겨나는 새로운 컨셉의 커피 전문점(스페셜티 커피 전문점)들은 예전부터의 로스터리 샵과 함께 핸드드립 커피가 에스프레소 메뉴와 함께 메뉴판을 장식하고 있다.

핸드드립 커피를 하는 이유를 몇 가지로 나눠보면 다음 정도로 축약해 볼 수 있다.
1. 에스프레소 머신의 부재
2. 저렴한 비용의 창업

3. 로스터리 샵의 다양한 커피 사용
4. 기존의 천편일률적인 메뉴에서 탈피 욕구
5. 스페셜티 커피의 대두

 1번과 2번은 과거 에스프레소 머신이 보급되기 전의 커피시장 상황이라고 볼 수 있고, 3.4.5번은 현재의 핸드드립 커피를 하는 커피 전문점의 모습 정도로 볼 수 있을 것 같다.

 지금의 핸드드립 커피는 좋은 커피를 한잔 한잔 정성스럽게 내려준다는 본래의 취지가 가장 잘 들어맞는 시기인 것 같다.

 지금은 우리나라와 일본 이외의 나라에서도 핸드드립을 하는 경우도 많이 늘었는데 이것은 특히, 5번의 스페셜티 커피의 영향 때문이기도 하다. 스페셜티 커피라는 단어는 1978년 미국 크누첸 커피의 크누첸 여사가 프랑스의 국제커피회의에서 사용한 것을 시초로 "특별한 기상과 지리적 조건이 독특한 향미를 가진 커피 생두"라는 의미를 가지고 있다.

 이것을 기초로 1982년 미국스페셜티커피협회(SCAA)가 생기게 되고, 스페셜티 커피의 개념과 정의가 이루어진다. 스페셜티 커피는 전 세계에서 생산되는 커피빈(생두)의 상위 10% 이내라고 보는 것이 일반적이다.

이 스페셜티 커피라는 것이 무엇이길래 미국과 유럽의 바리스타들을 핸드드립의 세계로 끌어 들인 것일까. 실제로 Single origin 커피 품질이 좋아지면서 기존 카페들이 사용하는 대용량의 자동 커피 메이커로는 맛있는 드립 커피를 내리기가 어렵다는 것을 카페의 운영자도 소비자도 입으로 먼저 알아버린 것이 아닌가 한다.

핸드드립 커피의 가장 큰 장점은 다른 종류의 커피를 매번 다르게 그라인딩해서 추출할 수 있고, 다양한 변수(분쇄도, 추출온도, 로스팅 정도, 물 붓는 속도 등)들을 활용해서 고품질의 커피를 다양한 스타일로 만들어 낼 수 있다는 점이 지금의 스페셜티 커피 붐과 맞물리지 않았나 생각한다. 물론 스페셜티 커피의 높은 가격으로 인하여 대량 추출이 어려워졌다는 사실도 한몫 했을 것이다.

재미있는 현상은 우리나라나 일본에서 예전부터 해오던 커피 추출 방법들(핸드드립, 싸이폰, 워터드립 등)을 미국, 유럽의 바리스타들이 예전에 우리가 해오던 것처럼 자신만의 스타일과 이론으로 무장해서 소비자들에게 제공하고 있다는 점이다.

우리의 커피 교육의 현주소는 싸이폰은 유리로 만들어져 있어 깨지기 쉬우니 사용하기 어렵다.. 융 드립은 뒤처리가 까다로워 사용하기 어렵다.. 이런 식의 부정적인 커피 교육이 많았지만 미국, 유럽의 바리스타들은 그런 편견을 뒤로한 채 맛있는 커피를 추출하는 방법에만 여념이 없어 보인다.

그리고 또 다른 점은 우리의 핸드드립은 오랜 연습과 경험을 바탕으로 하는 추출법이라면, 그들은 푸어 오버 또는 슬로우 드립이란 이름으로 추출 시에 매번 저울, 온도계, 타이머로 커피 양, 분쇄도, 물의 양, 물 온도, 추출 시간을 정확히 측정해서 맛을 비교 분석한다.

고가의 커피밀도 측정기, 추출율 계산기 등을 사용하는 경우가 있을 정도다. 하지만 그들 역시 자신만의 추출법을 알아가는 과정일 뿐, 푸어 오버의 완성은 보여주지 못하고 있다. 오랜 역사와 전통이라는 것이 이럴 때 필요한 것 같다.

핸드드립 커피를 오래전부터 해온 우리나라, 일본에는 핸드드립의 명인 또는 장인이라는 분들이 실제로 존재하고 있고, 그곳을 찾아 명인이 추출한 커피의 맛을 보면 "역시"라는 말이 절로 나올 정도의 맛을 가진 커피를 경험할 수 있다.

지금이야 자금만 있다면 고품질의 커피빈(생두)을 누구나 살 수 있지만, 그러한 선구자들이 입문하고 활동하던 시기에는 아무리 자금이 충분해도 고품질의 커피를 구입할 수 있는 방법이 없었는데도 불구하고, 그런 멋진 커피를 어떻게 만들 수 있었는지 지금도 가끔 생각한다.

 커머셜급의 그저 그런 커피빈(생두)을 구해서, 로스팅 전 핸드픽, 로스팅 후 핸드픽으로 잡미가 나오지 않도록 정성스럽게 로스팅하여, 시간을 들여 숙성(잔존가스를 제거)하고 거기에 맞는 드립퍼, 필터를 선택하여 자신이 소지하고 있는 최고의 잔에 채워서 정성스러운 서비스로 손님에게 제공한다. 이런 정성스러움과 최상의 커피가 만난다면 새로운 커피 시장이 열리지 않을까 조심스럽게 생각해 본다.

핸드드립 커피의 역사

- 침지법과 여과법의 차이

커피를 추출하는 방식은 크게 침지법(또는 침출법)과 여과법(또는 투과법)으로 분류된다. 침지란 '적시고 담근다'는 뜻으로 커피 가루를 보통의 물 혹은 뜨거운 물에 우려내는 방식이며, 여과법은 말 그대로 커피 가루 위로 보통의 물 혹은 뜨거운 물을 부어 여과시키는 방법을 말한다.

<침지법>

<여과법>

이중에서 보다 오랜 역사를 가진 것은 침지법으로 18세기 까지만 해도 침지법의 한 종류(달임법)인 터키식 커피가 유일한 커피 추출방식이었다. 그러다가 19세기 중반에 이르는 150여년 사이에 여러 가지 새로운 기구들이 발명되었고, 이를 통해 자연스럽게 다양한 추출법의 개발이 본격화 될 수 있었다.

– 추출 방식에 의한 분류

침지법 (침출법)	여과법 (투과법)
터키식 (이브릭)	더치 커피
보일링	커피 언
퍼콜레이터	융 드립
커피 비긴	페이퍼 드립
싸이폰	
프렌치 프레스	

– 추출 기구(방법)의 발명

추출 기구 및 연대	발명가 또는 국가
보일링, 1710년 전후	프랑스
퍼콜레이터, 1806년(원형)	람 포드, 영국
퍼콜레이터, 1819년(완성)	로레인, 프랑스
커피 비긴, 1817년	비긴, 영국
싸이폰, 1840년경(원형)	로버트 내피어, 스코틀랜드
싸이폰, 1842년(완성)	바슈 부인, 프랑스
드립 포트, 1763년(원형)	동 마틴, 프랑스
드립 포트, 1800년초(개량)	벨로이, 프랑스

커피 추출법이나 추출 기구는 사실상 터키식 커피 추출법의 단점을 보완하기 위한 필요성에서 비롯되었다 해도 과언이 아니다. 즉 커피를 마시고 난 후 혀에 남아 있는 찌꺼기의 불쾌감을 없애기 위해 보다 다양한 추출법과 추출 기구 개발에 관심을 기울이기 시작했던 것이다.

– 현대적 드립퍼의 등장

1908년 독일 드레스덴의 멜리타 벤츠 여사는 양철 포트의 바닥에 구멍을 내고 그 위에 장남의 공책에서 압지를 한 장 뜯어 올리는 획기적인 아이디어를 생각해 냈다. 지금의 페이퍼 드립퍼의 원형인 멜리타 드립퍼의 등장이다.

최초의 방식은 양철통에 구멍을 내고, 지금의 깔때기 모양이 아닌 원통 양철통에 원형 거름종이를 넣는 방식이었다. 하지만, 원통 모양으로는 물 빠짐이 너무 느려 과다 추출된 커피가 나오게 되므로, 1937년에 지금의 깔때기 모양으로 드립퍼와 필터의 모양이 바뀌었으며, 추출구의 숫자도 지금의 한 개가 아닌 10개부터 1개까지 실험을 거듭하여, 1960년에 지금과 같은 형태의 세계 최초의 플라스틱 드립퍼를 생산한다.

이 당시 일본에서도 칼리타사의 드립퍼가 판매되기 시작해서 지금과 같은 페이퍼 드립이 시작된 시기로 볼 수 있다. 그 이후 고노, 본막, 하리오 등의 일본 회사에서 지금과 같은 드립퍼를 생산하여 사용하고 있다.

핸드드립 커피에 입문하기

1. 핸드드립 추출의 4대 요소

① 분쇄도
② 배전도(로스팅 정도)
③ 추출수의 온도
④ 물 붓는 속도

2. 분쇄도

- 분쇄의 목적

커피의 향과 맛을 비율로 구분하자면 7(향) : 3(맛)으로 구분할 수 있다. 커피를 추출하기 위해서는 분쇄를 해야 된다. 분쇄를 하는 것은 원두 상태 때보다 입자를 작게 만들어 물에 닿는 면적을 많게 해주는 역할을 한다.

분쇄 정도가 가늘수록 물에 닿는 면적이 많아져서 진하게 추출된다. 같은 이유로 가는 분쇄일수록 공기 중에 노출되는 면적이 넓어져서 빠른 속도로 향을 잃게 됨으로 분쇄된 커피를 구입하는 것 보다 저가의 분쇄기라도 구입해서 추출 직전에 분쇄해 사용하는 것이 커피의 좋은 향과 맛을 즐기는 방법이다.

분쇄 정도가 너무 가늘면 필터의 구멍을 막아 추출시간을 지연시키게 되고 추출시간이 지연되면 물과 커피가루의 접촉시간이 길어져 좋지 않은 맛이 추출될 가능성이 높아진다. 반대로 너무 굵은 분쇄는 물에 닿는 면적이 상대적으로 적어 묽은 커피가 추출될 가능성이 높아진다. 그러므로 각 추출 기구에 맞는 분쇄도를 선택해야 한다.

– 추출 기구와 그에 적합한 분쇄도

(가는 분쇄 → 굵은 분쇄)

이브릭 → 상업용 에스프레소 → 가정용 에스프레소 → 워터 드립 → 모카포트 → 페이퍼 드립 → 융 드립 → 싸이폰 → 프렌치 프레스 → 퍼콜레이터

- 분쇄도에 의한 맛의 변화

분쇄도	굵은 분쇄	가는 분쇄
분쇄도의 표면적	작다	크다
추출 성분	적다	많다
농도	적다	많다
신맛 또는 쓴맛	적다	많다

※ 원두의 품질, 배전도, 추출 온도 등이 일정한 상태에서 분쇄도만 조정했을 때 임.

- 분쇄 방식

① 충격식 분쇄(Impact Grind)

고속으로 회전하는 충격체를 이용하여 원두에 충격을 가해 분쇄하는 방법이다. 가격이 저렴하여 가정용 그라인더에 사용되는데, 고속으로 회전하는 충격체로 인해 향미가 떨어지거나, 분쇄도를 육안으로 조절해야 하므로 균일도가 떨어진다.

② 간극식 분쇄(Gap Grind)

칼날과 칼날 사이의 틈 간격을 조절하여 분쇄도를 조절하며, 두 칼날중에 한 개의 날이 회전하며 분쇄한다.

- 분쇄기의 종류

① 충격식 분쇄기(Impact Grinder)

- 블레이드(Blade)

금속제의 회전날개를 회전시켜 충격으로 원두를 분쇄하며 분쇄도 조절은 회전날

개의 회전시간으로 조절한다. 시간을 길게 하면 가는 분쇄, 짧게 하면 굵은 분쇄가 가능하나 정밀한 조절은 불가능하다. 발열이 많이 발생하며 가정용으로 많이 사용한다.

② 간극식 분쇄기(Gap Grinder)는 세 가지로 나눌 수 있다.

■ 평면형 분쇄기(Flat Grinder)

한 쌍의 칼날 중 아래쪽 칼날이 회전하며 위쪽 칼날과 맞물려 원두를 잘라주는 형태의 분쇄를 하며 두 가지 방식으로 나눌 수 있다.

Ⓐ 그라인드(Grind) 방식 : 절구형 커팅 방식, 평면날에 톱니가 돌출, 커팅하면서 으깨는 방식, 드립용으로 많이 쓰인다.

Ⓑ 커팅(Cutting) 방식 : 단어 그대로 원두를 잘라주는 방식. 분쇄도가 가장 균일하며 상업용으로 많이 쓰인다. 드립용, 에스프레소용이 있다.

■ 원뿔형 분쇄기(Conical Grinder)

한 쌍의 칼날 중 바깥쪽 날이 고정돼 있고, 안쪽 날이 회전하며 분쇄한다. 수동 그라인더도 이 방식이며 드립용, 에스프레소용이 있다.

■ 롤러형 분쇄기(Roller Grinder)

두 개의 긴 롤러가 돌아가면서 분쇄한다. 열 발생을 억제하기 위해 롤러 내부에 수냉식 또는 공랭식 장치가 들어있다. 대용량 고속 분쇄 시 사용한다.

3. 배전도

- 배전(焙煎)의 뜻

배(焙)는 '불에 쬐다', 전(煎)은 '달이다', '졸이다'의 뜻으로 쓰이는 일본어이다. 영어로는 로스트(Roast)라고 한다.

- 배전의 정의

커피의 배전(로스트)은 커피를 마시는 데는 꼭 필요한 공정으로 생두(Green Bean)에 열을 가함으로써 생두 내부에 있는 수분이 끓고, 수증기가 되어 생두 내부에 골고루 열을 전달해 줌으로써 생두 내부에 있던 약 1,500여 가지의 서로 다른 물질들이 화학적인 변화 를 일으켜 약 1,000 가지의 맛과 향을 구성하는 물질로 만들어진다.

외부적으로는 수분과 그 외의 것들의 소실로 인한 무게 감소와, 생두 내부의 수증기의 팽창, 이산화탄소 압력에 의한 부피 증가의 물리적인 변화를 일으키게 되는데 우리가 음용 할 수 있는 원두로 만들어지는 과정이라고 말할 수 있다.

- 배전의 역사

페르시아의 의사 라제스(850~922)의 저서 '의학집성' 중에 에티오피아나 예멘에 자생하는 분(bun, bunn : 커피 생두)과 그 즙에 대해 기록한 것이 있다. 그 이후 15세기까지는 커피(생두)를 즙으로 하거나, 커피 과실(체리)을 씹어 먹었으며 건조 시켜 분쇄한 체리를 기름과 섞어 경단으로 만들어 먹거나 과육으로 술을 만들거나 해서 마셨다고 한다.

16세기 중반 무렵 독일인 여행자 로우 올프의 기행기에는 사람들이 그을린 '본'에서 만들어진 '카와'라고 불리는 검은 액체를 마시는 습관이 있다고 쓰여 있다. 이 글로 미루어 커피의 배전은 15세기~16세기경부터 시작되었다고 여겨진다.

당시는 얇은 그릇 모양의 냄비나 철제 냄비 안에서 커피(생두)를 굴려가며 불로 익혔는데 현재에도 일부 아랍 제국의 유목민들에게는 커피 의식으로 전해지고 있다.

1600년대 들어 유럽에 커피 소비가 늘어나고 그 인기가 높아져 대량의 커피 배전이 요구되게 되었으며 1780년 초기에는 커피 배전기가 개발되었다. 그리고 1784년에는 요한 게오로그 쿠니츠(Johann Georg Kunitz) 박사에 의해 커피 배전에 대한 출판이 백과사전에 기재되었지만 19세기 중반까지는 그 대부분이 가정에서 배전되었다.

1864년에 이르러서는 미국에서 자베즈 번즈(Jabez Burns)사, 독일의 에머리히어 마스히넨파브릭(Emmericher Masxhinenfabrik)사가 배전기계 제조 회사로 설립되어 대량 배전을 시작했다.

- **배전기의 종류**

19세기 후반에 시작된 대량 배전에서의 연료는 석회, 석탄, 목탄 등이거나 그 혼합물이었다. 배전은 원두에 포함되어있는 수분을 제거하고, 원두를 부풀게 하여 그

중에 포함된 방향 성분을 충분히 끌어내기 위한 중요한 공정이며 연소에 의한 열대류의 온도나 시간에 영향을 상당히 많이 받는다.

이와 동시에 기계 구조적으로도 교반(균일하게 섞어주는) 기술도 요구되며, 열원 에너지원이 원두의 배전 중에서 교반 작업과의 상관관계에 의해 그 결과가 나온다. 다시 한번 말하거니와 커피를 배전하는 것은 커피에 포함된 방향 성분을 끄집어내는데 최대의 목적이 있다.

<열원의 공급 방법에 의한 종류>

	직화식
원리	회전하는 드럼에 작은 구멍들이 뚫어있어 드럼 아래에 있는 버너의 불이 생두에 직접 닿는 방식
장점	개성 있는 맛과 향을 연출할 수 있다.
단점	원두에 불이 직접 닿기 때문에 타기 쉽다. 원두의 팽창 정도가 약하다.

	반열풍식
원리	생두에 직접 불이 닿지 않게 철판으로 막혀 있다. 드럼에 닿는 열과 드럼의 후방에서 들어오는 열풍에 의해 볶는 방식
장점	열효율이 높아 균일한 로스팅이 가능하다. 원두의 팽창 정도가 좋다.
단점	획일화된 맛이 될 수 있다. 직화식에 비해 고소한 향을 내기 어렵다.

<열원에 의한 종류>

열원	장점	단점
가스(LPG)	마지막까지 가스 압력이 일정하다.	매번 가스통을 교체해야 하는 번거로움이 있다.
가스(LNG)	LPG에 비해 가격이 저렴하다	LPG에 비해 가스 압력이 약하다.
전기	편리하고 가격이 저렴하고 상대적으로 안전하다.	할로겐 등의 전열 기구를 사용함으로써 디테일한 열량 조절이 불가능하다.
숯불	다른 열원에 비해 고열량으로 생두의 수분 빼기가 용이하다.	참숯의 가격이 비싸다. 고열량인데 반해 디테일한 열량조절이 불가능하다.

<크기에 따른 종류>

수망	50g ~ 200g의 가정용
수동식 통돌이	100g ~ 400g의 가정용, 테스트용
전동식 통돌이	100g ~ 500g의 가정용, 테스트용
소형 배전기 (전동식)	1kg 이하는 가정용, 테스트용, 소규모 점포용
	3kg ~ 10kg는 소규모 점포용
중형 배전기 (전동식)	15kg ~ 60kg 점포용, 배전 업자용
대형 배전기 (전동식)	100kg 이상 배전 업자용, 배전 공장용

- 배전도(로스팅 정도)와 추출수의 온도

과거 직장에서 필자가 맡은 업무는 지배인 바로 밑의 직책으로 지배인이 손님의 방문에 따른 접객 서비스에 중점을 두었다면 나는 업장에서의 직원 관리, 커피 품질, 사이드 메뉴의 품질, 매장의 청결 등에 포커스를 맞추고 일했다고 볼 수 있다.

그중에서도 핸드드립으로 커피를 추출했기 때문에 원두의 품질에 많은 신경을 썼던 것으로 기억한다. 우리가 사용하던 커피는 대부분이 강배전이라는 지금으로 치면 풀 씨티에서 프렌치 로스팅 정도 되는 커피를 사용해서 주력 상품이었던 케이크의 달콤함과 잘 어울리는 쓴맛이 인상적인 커피였다.

기억을 거슬러 올라가면 1인분에 15g의 원두로 약 150ml의 커피를 추출했던 것 같다. 그 당시 바쁘다는 핑계로 가장 신경을 못 쓴 부분이 추출 온도였다. 풀씨티 이상 되는 커피는 대부분이 저온 추출이라 해서 약 80℃ 정도 되는 물을 이용했어야 쓴맛을 억제하면서 진하지만 부드럽고 달콤한 쓴맛을 가진 커피를 추출할 수 있었다.

하지만 손님과 주문서가 밀려있으면, 팔팔 끓는 물 온도를 80℃까지 낮추는 시간까지도 아깝다고 생각이 들었으니… 돌이켜보면 일에 대한 열정만 있었지 커피에 대한 지식은 무지했던 시기였다.

핸드드립 추출의 가장 큰 장점이라면 변수를 내가 조절할 수 있다는 것이다.
그 중 물 온도의 변화로 커피가 가지고 있는 신맛과 쓴맛의 조절을 할 수 있다는 것이 가장 매력적일 것이다.

- 배전도(로스팅 정도)와 추출에 대한 생각

지금의 고품질 커피들은 약속이나 한 듯이 약하게 배전(로스팅)한다. 그 이유는 생두의 특성을 살리기 위해서라고 할 수 있다. 고품질 생두들은 강하게 배전(로스팅)할수록 생두가 가지고 있던 고유의 향미를 가해지는 열에 의해 잃을 수 있기 때문이다.

그러므로 생두에서 커피로 가는 정확한 포인트에서 배전(로스팅)을 멈춰야 함은 물론이고, 생두가 견딜 수 있는 정도의 열량을 순차적으로 줌으로써 타지도 덜 익지도 않게 하는 고도의 기술을 사용해야 한다.

예전에는 "약배전(로스팅)의 원두는 굵게 분쇄해서 높은 온도의 추출수를 이용해 빠른 추출로 아메리칸 스타일의 연한 커피로 만들어라"라는 것이 하나의 공식처럼 핸드드립 추출에 이용되었다. 약배전을 굵게 분쇄하는 것은 강배전에 비해 조직이 단단하여 같은 분쇄도로 하여도 물 빠짐이 좋지 않다. 물 빠짐이 오래 걸리면 커피와 물의 접촉시간이 필요 이상으로 길어져서 과추출이 될 가능성이 높아지는데 과추출이 되면 잡미가 나올 가능성이 커진다.

그런 이유로 약배전은 강배전보다 굵게 분쇄하여 추출시간을 줄여준다는 의미가 있다. 반대로 "강배전(로스팅)의 커피는 가늘게 분쇄해서 낮은 온도의 추출수를 이용해 느린 추출로 스트롱한 커피로 만들어라" 이 또한 하나의 공식으로 이용되었다.

하지만, 지금에는 약배전도 가늘게 분쇄해서 낮은 온도의 물로 스트롱한 커피를 만들기도 하고, 강배전도 굵은 분쇄, 높은 온도의 물로 연한 커피를 만들기도 한다. 그 이유는 생두의 품질이 과거에 비해 월등히 좋아졌기 때문이며 고품질의 커피는 단점의 맛보다 장점의 맛이 훨씬 많기 때문에 다양한 시도가 가능해졌다는 것이다.

그런 이유에서 앞으로의 핸드드립 커피도 과거의 이론만으로는 트렌드를 따라잡기 어려울 것 같다.

- 배전 단계

> 건조 단계 → 배전(로스팅) 단계 → 냉각 단계

① 건조 단계

배전의 초기 단계로서 생두 내부의 수분이 열을 흡수하면서 수증기로 변해가며 운동량이 증가하고 생두 내부 구석구석에 열을 전달하기 위한 전 단계이며, 생두 내부의 온도가 끓는점(100℃)에 도달할 때까지 일어난다.

색상은 밝은 녹색에서 밝은 노란색으로 점차 변해가며 향은 풋내에서 빵 굽는 냄새로 변화한다. 이 단계에서 수분은 70%~80%까지 소실된다.

② 배전(로스팅) 단계

건조 단계를 거친 원두에 계속 가열을 하게 되면, 먼저 수분이 증발하기 시작함과 동시에 물리적, 화학적 반응이 생겨난다.

당분은 카라멜화 되며, 클로로겐산에 의한 갈변 반응이 일어나고 색은 메일라드 반응(갈변 반응)에 의해 점점 짙은 갈색으로 변한다. 이 반응으로 인해 향을 느끼지 못했던 생두와 비교하여 휘발성 방향족 화합물이 생성되어 커피의 향을 만들어낸다.

원두 내부는 화학 반응과 수증기의 팽창으로 인해 1차 크랙이 생기며, 계속 가열하면 이산화탄소의 팽창으로 인해 2차 크랙이 발생한다. 이후 계속 가열하여 배전이 과도하게 되면 조직이 파괴되어 탄화한다.

  이 과정에서 생두 상태였을 때에 비해 무게는 12%에서 25%까지 감소하고, 부피는 50%에서 80%까지 증가한다.

③ 냉각 단계

  배전이 끝나면 즉시 열을 식혀야 하는데 그렇지 않으면 원두 내부의 열로 인해 내가 원했던 배전 포인트보다 더 진행되기 때문이다. 이 때 찬 공기를 순환시키거나, 물을 분사시켜 냉각하게 되는데 물은 찬 공기보다 냉각효과는 좋으나 물의 양이 많게 되면 원두에 흡수되므로 주의해야 한다.

- 배전도(로스팅 정도)의 단계별 분류 방법

  배전도의 분류는 커피 배전을 하는 여러 나라에서 서로 다른 구별법을 가지고 있다. 우리나라는 주로 일본에서 들어온 8단계의 분류법을 쓰지만, SCAA(미국스페셜티커피협회) 분류법도 점차 많이 쓰이고 있는 추세다.

<8단계 분류법>

단계 (명칭)	색	맛과 향
라이트(Light)	밝고 연한 황갈색	신향, 강한 신맛
시나몬(Cinnamon)	연한 황갈색	다소 강한 신맛, 약한 단맛과 쓴맛
미디엄(Midium)	밤색	중간 단맛과 신맛, 약한 쓴맛, 단향
하이(High)	연한 갈색	단맛 강조, 약한 쓴맛과 신맛
씨티(City)	갈색	강한 단맛과 쓴맛, 약한 신맛
풀씨티(Full-City)	진한 갈색	중간 단맛과 쓴맛, 약한 신맛
프렌치(French)	흑갈색	강한 쓴맛, 약한 단맛과 신맛
이탈리안(Italian)	흑색	매우 강한 쓴맛, 약한 단맛

<SCAA(미국스페셜티커피협회) 분류법>

단계 (명칭)	Agtron	SCAA Agtron Tile No
Very Light	95 / 75	Tile #95
Light	85 / 67	Tile #85
Moderately Light	75 / 59	Tile #75
Light Midium	65 / 51	Tile #65
Midium	55 / 43	Tile #55
Moderately Dark	45 / 35	Tile #45
Dark	35 / 27	Tile #35
Very Dark	25 / 19	Tile #25

※ SCAA에서는 두 가지의 배전도 분류방법을 제시한다.

Ⅰ. Agtron사의 M-Basic 색도계를 사용하여 8단계로 구분한다.

Ⅱ. 원두를 분쇄하여 'Color Roast Classification System' Tile과 비교한다.

<세계 여러 나라의 음용 스타일에 따른 분류>

명칭	8단계 분류법과의 비교
뉴잉글랜드(New England)	시나몬(Cinnamon)
아메리칸(American)	미디엄(Midium)
비엔나(Vienna)	풀씨티(Full-City)
프렌치(French)	프렌치(French)
이탈리안(Italian)	이탈리안(Italian)
스패니쉬(Spanish)	이탈리안(Italian)

4. 추출수의 온도

- 물

물은 산소와 수소가 결합된 것으로 생명을 유지하는데 없어서는 안 되는 물질이다. 화학식 H_2O를 가지며 표준 온도 압력(섭씨 25℃ 1bar)에서 무색 투명하고, 무취 무미(아무 냄새도 아무 맛도 안 난다는 의미)하다. 물은 가장 보편적인 용매(용액의 매체가 되어 용질을 녹이는 물질)이다.

- 물과 커피와의 관계

'커피의 약 98.5%가 물이다'라는 말은 커피에 대해 조금이라도 공부를 해본 사람이라면 수도 없이 들었던 이야기일 것이다. 그에 반해 커피를 추출하는 물에 대한 교육은 미흡했던 것이 사실이다. 그러한 이유로 그 물에 대한 이야기를 말해볼까 한다.

- 물의 종류 (경수와 연수)

대부분의 칼슘 이온, 마그네슘 이온과 그 이외의 미네랄의 함유량이 높을수록 물의 경도가 높다고 부른다. 경도가 0~50이면 연수, 50~100이면 보통연수, 100~150이면 약 연수, 150~250이면 보통 경수, 250이상이면 경수라 부른다.

유럽 등지에서는 석회암 지대가 많아 경수가 대부분이어서 일찍부터 맥주 공업이 발달되고, 경수가 많은 중국에도 좋지 않은 물맛으로 인해 차를 마시는 습관이 생겨났다. 우리나라는 수돗물이 45mg/L로 연수라고 볼 수 있다.

- 일반적인 정수기의 단계적 정수방법

① 1단계 : 세디멘트 필터 (Sediment filter)

일반적으로 부직포 필터라고 불린다. 물속의 부유물(녹, 스케일, 흙, 모래 등) 입자가 큰 오염물질을 걸러줌으로 초기단계의 정수효과를 극대화시키는 역할을 한다.

② 2단계 : 카본 필터 (Carbon filter)

활성탄을 원료로 사용한다. 물속의 염소, 불쾌한 맛, 나쁜 맛 등을 빨아들이는 역할을 한다. 활성탄을 만들기 위해서는 인체에 무해한 야자껍질, 톱밥, 나무, 숯, 석탄 등을 섭씨 1천℃ 이상의 고온으로 만들며 이 과정에서 다공질이 되고 표면적이 넓어져 유해물질을 흡착하기 좋은 상태가 된다.

③ 3단계 : 멤브레인 필터 (Membrane filter)

역삼투압 방식과 중공사막 방식이 있다.

	역삼투압 방식	중공사막 방식
분리능력	0.0001 ~ 0.001 micron	0.01 ~ 0.1 micron
분리 가능물질	이온성분, 중금속, 발암물질, 박테리아, 기타 화학물질	단백질, 바이러스, 박테리아
장점	중금속, 이온 등 불순물, 해로운 물질을 완전히 걸러줌.	가격이 저렴, 제조방식의 단순, 대장균, 일반세균, 미립자 여과가능.
단점	배출수 손실의 발생, 물에 함유된 유익한 미네랄도 걸러짐.	경수, 지하수의 무기물질 및 중금속 여과불능.

④ **4단계 : 카본필터 (Carbon filter)**

　마지막으로 정화 및 살균 하여 깨끗한 물을 만들고 다음 단계에서는 제품 및 멤브레인 필터 방식에 따라 미네랄을 충족시켜주기도 한다.

– 커피 추출에 적당한 물

SCAA Standard (Water for Brewing Specialty Coffee)

Characteristic(특징)	Target (목표)	Acceptable Range (허용범위)
Odor (냄새) 1	Clean / Fresh, Odor free	
Color (색깔) 2	Clear color	
Total Chlorine (염소)	0 mg/L	
TDS 3 (Total Dissolved Solid) 미네럴, 유기물, 무기물 등의 물질이 얼마나 녹아있는가를 측정하는 기기	150 mg/L	75 - 250 mg/L
Calcium Hardness (칼슘 경도)	4 grains of 68 mg/L	1 ~ 5 grains or 17 mg/L ~ 85 mg/L
Total Alkalinity (알칼리도)	40 mg/L	At or near 40 mg/L
pH(산성도)	7.0 7.0미만(산성), 7.00이상(알칼리성)	6.5 ~ 7.5
Sodium(나트륨)	10 mg/L	At or near 100 mg/L

1. Odor is based on sensory olfactory determination.
2. Color is based on sensory Visual determination.
3. TDS measured based on 4-4-2 conversion.

　위와 같이 커피 추출에 적당한 물은 냄새가 없고, 맑아야하고, 염소성분이 없어야 한다. 염소성분은 식수로 사용되는 수돗물에 번식할 수 있는 미생물을 살균할 목적으로 넣고 있지만, 뚜껑을 열고 약 3분 이상 팔팔 끓여야 염소성분이 휘발되어 없어진다.

그러나 물이 끓게 되면 염소성분 뿐 아니라 물에 있는 산소, 이산화탄소까지 같이 기화되어 물 자체의 풍부하고, 청량감 있는 맛을 잃게 된다. 그런 이유로 애초부터 염소성분이 없는 물을 선택하여야 한다.

- 커피 추출에 알맞은 물의 온도

커피는 낮은 온도보다 높은 온도에서 쓴맛, 신맛, 떫은맛, 바디가 증가한다. 그것은 높은 온도일수록 더 많은 성분을 녹여내기 때문이다.

핸드드립 커피를 오래전부터 판매해 오던 일본에서는 다양한 배전도의 커피(ex 약배전, 중배전, 강배전)를 이용하기 때문에 다양한 온도(80℃~90℃)로 커피를 추출한다. 근래 들어 스페셜티 커피의 붐에 힘입어 미국, 호주, 유럽 등지에서도 푸어 오버(Pour over)라고 불리는 핸드드립 커피를 제공하는데 대체적으로 높은 온도(90℃~96℃)로 추출한다.

스페셜티 커피는 좋은 생두일수록 약하게 볶아서 생두(원재료)가 가지고 있는 좋은 맛과 향미를 최대한 표현하는데 높은 온도의 물을 이용해서 스페셜티 커피가 가지고 있는 좋은 맛과 향미를 최대한 추출하는 것이다.

일본의 경우는 오랜 시간 동안 해오던 핸드드립 커피의 경험을 바탕으로 밸런스 있는 맛과 향을 추구한다. 예를 들면, 강하게 볶여진 커피는 낮은 온도(80℃ 전후의 온도)를 이용해서 강하게 볶일 때 나오는 쓴맛을 억제하면서 바디감과 단맛을 갖춘 커피를 만든다거나, 약하게 볶여진 원두를 높은 온도(90℃ 전후의 온도)와 굵은 분쇄도로 빠른 시간에 추출해서 다양한 맛과 향은 나오되 자극적인 신맛은 억제하는 등의 추출법이 존재한다.

  나라마다의 다양한 이유와 방법은 그 나라 소비자의 성향과 문화에서 기인한다고 생각한다. 이탈리아의 에스프레소 추출과 다른 나라들의 에스프레소 추출이 같은 듯 다른 이유와 비슷할 것 같다.

– 배전도에 알맞은 물의 온도

배전도	배전(로스팅) 8단계	추출 온도	추출 온도 범위
약배전	Light Roasting Cinnamon Roasting Midium Roasting	90℃	88℃ ~ 92℃
중배전	High Roasting City Roasting	85℃	83℃ ~ 87℃
강배전	Full City Roasting French Roasting Italian Roasting	80℃	78℃ ~ 82℃

– 배전 상태에 따른 물의 온도

  배전 이후 경과 시간 등에 따라 추출 온도는 달라질 수 있는데 추출 시에 생기는 거품의 색깔과 모양으로도 적절한 온도의 구별이 가능하다.

  커피가 과도하게 부풀고 기포가 크거나 거품의 색깔이 너무 진할 때는 기준 추출 온도보다 높다는 것을 의미한다. 커피가 생각보다 덜 부풀고 거품의 색깔이 너무 연해 보일 때는 기준 추출 온도보다 낮다는 것을 의미한다.

  적정 온도로 커피를 추출하면 에스프레소의 크레마 같은 밀도 있는 거품이 나오며, 거품의 색깔은 배전도에 맞는 색깔을 띠게 된다.

– 배전된 시간의 경과에 따른 추출 온도

  갓 배전된 커피를 추출하면 몇 일간 보관시킨 커피보다 과도하게 부풀고 농도가 덜한 커피가 추출된다.

  갓 배전된 커피가 신선하다는 이야기가 틀린 이야기는 아니지만, 갓 배전된 커피에는 이산화탄소의 함유량이 높기 때문에 커피가루에 뜨거운 물을 부으면 평상시보다 많이 부풀게 되지만 그 이후의 주입되는 물은 너무 많은 거품(이산화탄소와 물이 만나서 생김)으로 인해 커피가루 밖으로 밀려나와 이산화탄소가 추출을 방해하는 역할을 한다. 갓 배전된 커피는 낮은 온도(80℃ 전후)로 천천히 추출해야 이산화탄소의 발현을 억제하면서 추출할 수 있다.

  반대로, 배전 이후 오래된 커피는 이산화탄소의 함유량이 적어 뜨거운 물을 부어도, 잘 부풀지 못하고 물과 커피의 접촉시간이 짧아진다. 이런 커피는 분쇄도를 가늘게 해서 접촉시간을 늘려주고 높은 온도(90℃ 이상)로 추출해야 한다.

5. 추출수를 붓는 방법, 속도

- 필터의 선택

칼리타, 멜리타, 고노, 하리오 등의 드립퍼 제조업체는 대부분 자사 기구의 규격에 맞는 페이퍼 필터를 함께 생산하고 있으며, 사용자 역시 드립퍼의 종류를 기준으로 필터를 구입해야 추출시에 발생하는 부작용을 미연에 방지할 수 있다.

드립퍼 규격에 맞는 필터는 실제로 드립퍼 위에 세팅했을 때 입구 부분에 안정감 있게 고정되므로 추출 작업이 훨씬 수월해진다. 칼리타나 멜리타 드립퍼에 사용되는 페이퍼 필터의 경우, 밑 부분과 한쪽 옆면이 압착되어 있다. 그러므로 드립퍼 위에 필터를 세팅할 때는 압착 부분을 서로 반대 방향으로 한번 더 접어주어야 하는데, 이렇게 하면 압착면이 더욱 튼튼해지고 드립퍼와 필터가 밀착되어 추출 작업의 효율을 높일 수 있다.

압착부를 접은 필터를 드립퍼에 세팅할 때에는 반드시 필터 밑 부분의 양쪽 귀퉁이를 눌러 필터가 드립퍼 내벽에 완전히 밀착되도록 해야 한다. 만일 필터와 드립퍼 사이에 틈이 있으면 추출이 고르게 이루어지지 않으며, 물이 부어져 있는 상태에서는 필터가 부분적으로 뜨게 된다. 고노, 하리오와 같은 드립퍼에 사용되는 페이퍼 필터는 원뿔 모양의 옆면만 압착이 되어있다. 압착된 부분만 선대로 접어서 사용하면 된다.

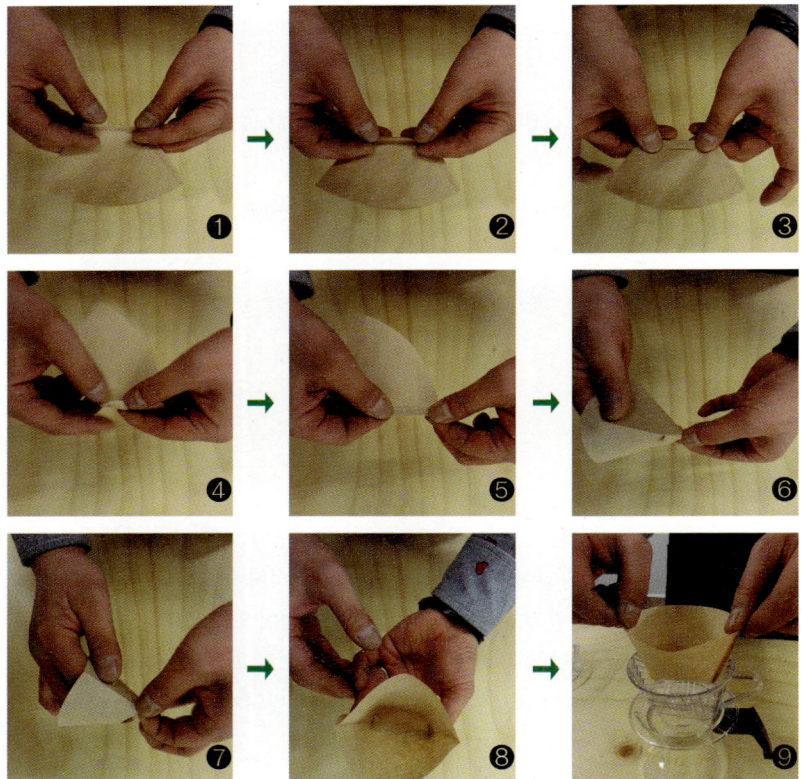

- **필터의 표백**

　드립퍼 제조업체별로 나오는 페이퍼 필터는 표백(흰색) 필터와 무표백(갈색) 필터로 나누어진다. 표백은 소량의 염소를 사용하기도 했지만, 근래 들어 산소 표백 등의 기술로 필터를 표백하기도 한다.

무표백 필터는 펄프 냄새가 날 가능성도 있기 때문에 경우에 따라서는 추출수로 헹구어 낸 후 사용하기도 한다. 그리고 필터를 선택하였다면, 보관에 주의를 기울여야 한다. 필터의 재질은 흡습성이 뛰어나기 때문에 외부의 냄새, 습기 등을 주의하기 위해서 밀폐용기를 사용하여 보관해야 한다.

– 드립 포트의 선택 요령

드립 포트를 사용하는 이유는 드립퍼 내의 커피가루 위로 추출수를 얹어 놓는다는 생각으로 부어야 되기 때문이다. 일반적인 포트를 사용하게 되면 배출구의 높이가 낮아 포트를 많이 기울이거나 높은 위치에서 물을 부어야 된다. 이로 인해 커피

가루에 충격이 가해지고 그 이후의 추출수들은 충격이 가해진 방향으로 물길을 형성하게 되므로 원하는 커피 맛을 표현하기가 어려워진다.

또한, 추출구의 크기와 학구(물이 나오는 주둥이)의 모양도 일반적인 포트에 비해 가늘고 좀더 S자 모양으로 굴곡이 져있다. 이유는 위에 설명한 내용과 동일하다. 그렇다고 해서, 무조건 입구가 좁고 가느다란 드립 포트만을 사용하는 것은 아니다. 물을 따르는 추출구가 지나치게 좁으면 많은 양의 커피를 추출할 때 물 붓는 시간이 오래 걸려 과추출로 이어질 우려가 많다는 점도 유의해야 한다.

- 뜸 들이기

커피가루에 물을 부을 때에는 먼저 적정량의 10% 정도를 가루 전체에 스며들게 부어주는데 이때 커피가루 위에 '물을 얹는다'는 느낌으로 조용히 천천히 따라주는 것이 중요하다.

커피가루가 물을 충분히 흡수하면 다공질의 가루는 더욱 팽창하여 열린 상태가 되고 가루 내부까지 물이 스며들어 예열이 이루어진다. 이 과정이 '뜸 들이기' 또는 '불림'이라고 불리는 과정이다.

뜸을 들이는 가장 중요한 목적은 커피가루 속에서 물이 지나갈 길을 확보하는데 있다. 추출수를 부었을 때 커피가루 사이의 공간이 커피 내부에서 방출하는 이산화탄소의 영향으로 벌어지게 되며, 이미 로스팅의 영향으로 하나하나의 커피가루는 다공질을 형성하고 있다.

이 또한, 추출수에 의해 다공질의 표면은 팽창하고 뜸 들이기시 그 안으로 물이 들어차 일정한 시간이 경과된 후 물을 부어주면 불려있던 커피가루의 성분을 떨구어 주는 과정을 보여준다.

뜸 들이기가 골고루 잘 되었을 때는 추출수가 커피가루의 구석구석(마치 사다리타기와 같이 시작점은 알 수 있으나 끝나는 지점을 예상할 수 없을 정도로 과정이 복잡하게 얽혀 있는 것처럼)을 돌아다니며 성분을 추출해내는 것이다.

더 자세히 설명하면, 커피가루와 물이 만나면 서로간의 농도가 같아지려는 현상이 생긴다(예를 들어 맹물에 소량의 간장을 부었을 때 일정한 시간이 주어지면 확산하며 물과 간장은 평균농도가 된다). 이 현상에서 되도록 많은 농도를 확보하기 위해서는 커피가루와 물의 접촉시간이 필요하다. 이 접촉시간을 결정짓는 것이 분쇄도이다.

– 추출수 붓는 방법 (뜸 들이는 순서)

① 커피가루의 표면을 고르게 하기 위해 드립퍼를 가볍게 좌우 혹은 앞뒤로 흔들어 준다. 이때 가급적 한 손만을 사용하는 것이 좋은데 양손을 사용할 경우, 자신도 모르게 과도한 힘이 전해져 어느 한쪽으로 가루가 쌓이게 되므로 자연히 추출액이 흘러나오는 시간이 오래 걸리게 된다.

② 커피 가루의 중심에 소량의 물을 '살짝 얹는다'는 기분으로 붓는다. 물의 양은 커피의 종류에 따라 다르지만 아주 작은 양으로도 충분하다. 일반적으로 1인분을 120ml 정도로 계산하여 필요량을 산출하고, 뜸을 들이기 위해 붓는 최초 투입량은 총량의 10% 정도면 적당하다.

가루 표면에 물을 부을 때는 양이나 속도를 조절해 필터에 직접 물이 닿지 않도록 주의해야 한다. 이를 위해서는 드립포트의 추출구를 모기향 모양처럼 나선형으로 돌리며 주입하거나 중심부에 소량의 물을 부은 후 천천히 바깥쪽으로 이동시킨다.

③ 물을 부은 후에는 커피가루가 충분히 팽창하기를 기다린다. 팽창이 끝날 때까지는 대략 30~40초가 소요되며 이렇게 되면 가루표면에 미세한 균열이 생기기 시작한다. 이 정도면 팽창이 완료된 상태이므로 적당한 타이밍을 잡아 추출을 시작한다.

아메리칸 스타일로 커피를 추출할 때에는 뜸 들이는 시간을 짧게 하는데, 이를 위해서는 가루가 충분히 팽창하기 전인 10~20초 후에 두 번째 물을 부어준다. 반대로 진하고 감칠맛 나는 커피를 원할 때에는 뜸 들이는 시간을 최장 60초까지 길게 잡아도 되지만 이때도 드립퍼의 온도가 적정 수준 이하로 내려가지 않도록 주의해야 한다. 또한 한번 팽창한 커피가루가 다시 수축하게 되면 아무리 늦어도 30초 이내에는 재차 물을 주입해 주어야 한다.

④ 칼리타나 멜리타 모양의 드립퍼는 위와 같은 방법으로 해도 되겠지만 고노, 하리오 같은 형태의 드립퍼는 상대적으로 중심이 깊기 때문에 나선형 모양의 뜸을 들일 때는 커피가루 표면의 중심을 가볍게 눌러 높이를 낮춘 다음 뜸을 들이면 부푼 후에도 평평한 면을 유지해 그 다음 추출 때 추출수가 스며들지 않고 흘러내리는 것을 방지할 수 있다.

<칼리타, 멜리타 타입 뜸들이기>

<고노, 하리오 타입 뜸들이기>

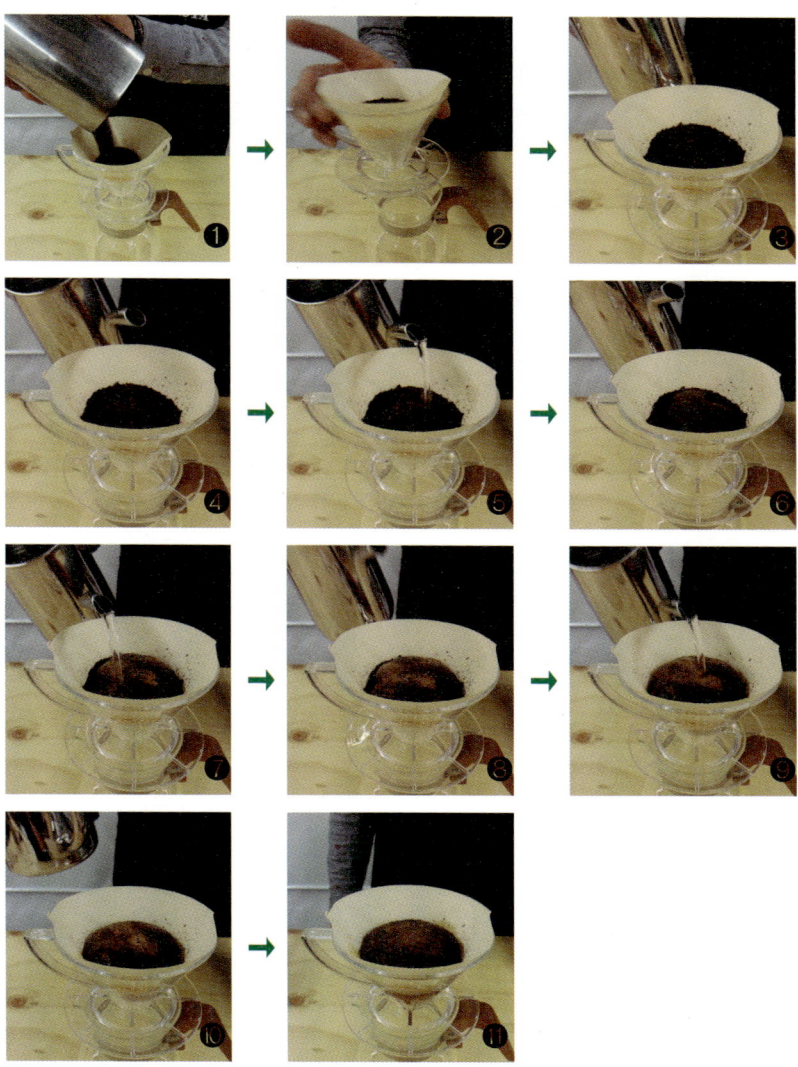

- 주입시의 주의점

뜸 들이는 작업이 끝나면 본격적인 주입 작업에 들어간다. 아무리 다른 작업에 신경을 쓰더라도 주입이 제대로 이뤄지지 않으면 만족스러운 커피를 추출해 낼 수가 없다.

① 물은 가능한 한 커피가루와 가까운 위치에서 조용히 부어준다.

물을 부을 때는 모기향 모양처럼 추출구 위치를 나선형으로 움직여주는 것이 가장 효율적이며, 중심부터 바깥쪽으로 이동한다는 원칙도 지켜져야 한다.

가루 표면에 가해지는 물의 힘을 최소한으로 억제하기 위해서는 드립포트의 추출구가 약 3~8cm 높이를 유지하는 것이 좋은데 추출구 위치가 너무 높으면 물속에 공기가 들어가는 것은 물론, 낙하 속도가 빨라져 커피가루 사이의 통과 거리가 짧게 되므로 원하는 성분을 추출할 만한 흐름을 유지하지 못한다.

② 물을 붓는 위치를 항시 이동 시킨다.

만약 커피가루 표면에 가해지는 물의 힘을 제로(Zero)로 유지할 수 있으면 가루 중심에 계속 물을 부어도 완벽한 주입이 될 수 있다. 그러나 현실적으로 낙하하는 물의 힘을 완벽히 제거한다는 것은 불가능하다. 그러므로 물의 낙하지점을 항시 변화시켜 고르게 추출하는 요령이 필요하다.

모기향 모양처럼 나선형으로 주입하되 시작은 반드시 중심에서 바깥으로, 바깥에서 중심으로 다시 반복한다. 이때 중심부는 천천히, 바깥쪽은 속도를 빨리해 중심부일수록 물의 양이 많아지도록 조절한다. 이것은 바깥쪽에 많은 물을 부으면 그 부분의 여과층이 얇아 추출이 완전하게 이뤄지지 않기 때문이다.

특히 선도가 좋은 원두는 물을 주입한 지점이 부풀어 올라 거품이 생기기 때문에 이것을 표적으로 하여 거품의 바깥 방향으로 주입한다.

③ **필터에는 물을 직접 부어서는 안 된다.**

필터에 직접 닿은 물은 커피 성분을 제대로 추출하지 못하고 드립퍼 하부의 서버로 배출된다. 이렇게 불필요한 물이 추가되면 커피 추출액의 품질도 자연히 떨어질 것이다. 더욱 심각한 것은 여과층에 떠오른 떫은 성분을 함유한 물이 추출액에 그대로 섞이는 것이다. 이 경우 불필요한 잡미가 생겨 커피 맛이 떨어진다.

④ **드립퍼 안의 물이 마르게 해서는 안 된다.**

커피가루와 물을 혼합하면 표면에 거품이 생기는 것을 볼 수 있다. 이 거품은 커피가루에 포함되어 있는 떫은맛 등의 잡미를 흡수하는 역할을 한다. 커피 한잔의 액체는 모든 원두 성분을 남김없이 추출하는 것은 아니며 거품에 흡수되어 있는 성분 또한 추출되어서는 안 된다. 다행히 이 잡미를 흡수한 거품은 커피가루보다 가벼워 드립퍼 안의 물이 차 있으면 떠오르게 되어있다.

핸드드립 커피와 다른 커피의 가장 다른 점이라면 추출수의 온도, 물 붓는 속도, 배전도, 분쇄도에 따라 다양한 맛의 조절이 가능하다는 것이기 때문에 맛있는 성분만 추출하고 맛이 없는 성분은 추출하지 않는다는 것으로 이해하면 될 것 같다.

⑤ **주입속도로 맛을 조절한다.**

추출시간은 드립퍼에 물이 부어져 커피 성분이 서버로 추출될 때까지 걸리는 시간을 의미하며, 이 시간차에 따라 커피의 맛이나 질도 확연히 달라진다. 이 추출속도를 좌우하는 것은 다음과 같은 몇 가지 요소들이다.

ⓐ 가루의 분쇄도이다. 가늘게 분쇄할수록 물에 대한 저항력이 크기 때문에 물의 흐름이 늦어지고 굵게 분쇄할수록 물의 흐름이 빨라진다. 물의 흐름이 느릴수록 추출성분이 많아지므로 추출 속도는 물의 유속이나 주입 속도와 연관이 있다.

ⓑ 드립퍼 내의 물의 부피이다. 드립퍼에 회당 주입하는 물의 양을 늘리면 필터 최하단부의 수압이 증가되고, 필터와 물의 접촉 면적이 넓어져 유속이 빨라진다. 일반적으로 한번 뜸들인 후의 주입은 목적하는 추출액을 얻을 때 까지 4회로 나눠 실시하지만 한번씩 주입할 때 마다 물의 양을 변화시키는 것만으로도 맛의 조절이 가능하다.

단, 여기서도 물의 온도를 고려하지 않으면 안 된다. 추출시간은 추출된 성분의 양을 결정하고 물 온도는 성분의 질을 결정한다고 보면 틀림이 없다. 감각에 의존해 쓴맛을 살리려면 저온으로 천천히, 신맛을 살리려면 고온으로 빨리 추출하는 것 등이 이런 원리를 응용한 드립식 추출의 기본 노하우이다.

드립 방식의 원리를 완전히 이해하고 나면 점차 자신이 원하는 맛을 만들어낼 수 있으며, 이것이 또한 핸드드립 커피가 지향하는 최고의 목적이다.

대표적인 추출기구

– 추출 방법의 역사

■ 처음 발견 당시의 커피는 어떤 방법으로 마셨을까?

처음엔 여러 커피의 전설에서 보여 지듯이 커피 체리를 그대로 먹었을 것이다. 그 이후 세계에서 가장 오래된 추출법인 살타나 커피(Sultana Coffee)를 마셨다. 살타나 커피(Sultana Coffee)란 볶지 않았던 초기의 방식으로 생두를(때로는 껍질과 함께) 갈아서 끓여낸 황갈색의 액즙에 향료를 첨가한 음료를 말한다.

■ 커피를 왜 마시기 시작했을까?

커피를 처음으로 마시게 된 계기는 커피의 주요 성분 중의 하나인 카페인의 작용에 의한 각성작용 때문이었을 것이다. 칼디의 전설, 오마르의 전설 등을 보면 목동 칼디가 키우던 염소가 커피 체리를 먹고 흥분한 대목과 오마르가 정적의 모함으로 산으로 추방되어 길을 헤매다 정신이 혼미해 졌을 때 커피 체리를 먹고 피로가 사라지고 정신이 맑아졌다는 대목을 보면 알 수 있을 것이다.

즉, 지금의 기호식품으로서의 커피가 아닌 약으로써 사용했다는 것을 알 수 있다. 초기의 커피는 수도승들의 잠을 쫓는 음료로서 효과적이었고 또한, 전쟁에 임하는 병사들에게도 임무수행에 방해가 되는 잠을 쫓는 역할을 했을 것이다.

- **대표적인 추출방법**

① **침출법 (침지법, Steeping)**

분쇄된 커피가 뜨거운 물과 일정 시간 접촉 후 추출액이 분리된다. 침출(침지) 시간은 분쇄도, 물의 온도, 젓는 정도, 분리의 빠르기에 따라 결정된다. 대표적인 기구는 프렌치 프레스(French press)가 있다.

② **달임법 (Decoction)**

분쇄된 커피에 물을 붓고 일정 시간동안 끓여 가용 성분을 추출하는 방법이다. 대표적인 커피는 이브릭(Ibrik) 또는 체즈베(Cezve)라는 기구를 사용하는 터키쉬 커피(Turkish Coffee)가 있다.

③ **반복 여과 추출 (Percolation)**

뜨거운 물과 커피 추출액이 반복하여 커피 층을 통과하면서 가용 성분을 추출한다. 추출시간은 분쇄도, 물의 온도에 따라 결정된다. 대표적인 기구는 퍼콜레이터(Percolator)가 있다.

④ **투과법 (여과법, Drip filtration)**

뜨거운 물이 분쇄된 커피 층을 한번 통과하면서 가용 성분을 추출한다. 분쇄도, 배전도, 물의 온도, 물을 붓는 속도(양)에 영향을 받는다. 대표적인 기구로는 더치 커피(Dutch Coffee), 드립용 드립퍼(멜리타, 칼리타, 고노, 하리오 등)와, 가정용 커피메이커(Coffee Maker), 업소용 커피 브루워(Coffee Brewer)가 있다.

칼리타	멜리타
고노	하리오

⑤ 진공 여과 추출 (Vacuum filtration)

침출(침지)식 추출의 변형으로 하부 챔버에서 만들어진 수증기압은 뜨거운 물을 분쇄 커피가 담겨있는 상부의 챔버로 밀어올리고 일정하게 저으면서 가용 성분을 추출한다. 대표적인 기구는 싸이폰(Siphon, Vacuum Brewer)이 있다.

⑥ 가압 여과 추출 (Pressurized infusion)

1기압을 초과하는 압력의 뜨거운 물이 분쇄 커피 층을 빠르게 통과하면서 가용성 향미 성분과 불용성인 커피 오일과 미세한 섬유질, 가스를 함께 유화시켜 추출하는 방법이다. 대표적인 기구는 모카 포트(Mocha Port), 에스프레소 머신(Espresso Machine)이 있다.

– 대표적인 추출기구

① 터키쉬 커피(Turkish Coffee)

18세기 초반까지 커피 추출의 유일한 방법이다. 이브릭(Ibrik) 또는 체즈베(Cezve)라는 손잡이가 긴 커피를 끓이는 포트에 아주 가늘게 분쇄한(에스프레소용보다 가늘게) 커피를 넣고 끓여 마시던 커피이다. 이브릭(Ibrik)은 주전자 형태의 뚜껑이 달린 것이고, 체즈베(Cezve)는 작은 밀크 팬처럼 냄비 모양을 하고 있다.

당시에는 아주 가는 분쇄와 진한 농도를 위해 강배전을 하였다. 아마도 당시의 분쇄기가 현재의 절구와 같은 모양인 것으로 봐서 강배전을 하여야 아주 가는 분쇄가 가능했을 것이다. 커피에 향신료, 설탕, 소금 등을 넣어 먹기도 하였으며 진하고 풍부한 맛을 내는 것이 특징이다.

분쇄도	1인분 원두의 양	추출 시간	추출량
아주 고운 분쇄 (0.1mm이하)	4~5g	5분 이내	80ml의 물을 이용 60ml 추출

② 프렌치 프레스(French press)

프랑스에서 사용하던 전통적인 커피 추출 기구인 플런저 팟(Plunger Pot)혹은, 커피 플런저(Coffee Plunger)로 불리던 것을 1852년 프랑스의 마이어(Mayer)와 델포지(Delforge)가 최초로 특허를 냈다. 이를 이탈리아에서 개량에 개량을 거듭하여, 1960년대 프랑스에서 인기를 얻게 되었다.

이후 영국의 하우스 홀드(Household Ltd)사와 덴마크의 보덤(Bodum)사에 의해 유럽 전역으로 전파된다. 물과 분쇄 커피의 접촉시간을 조절하여 맛을 조절하는데 추출된 커피는 금속 거름망을 통과하는 커피 오일의 추출로 인해 강한 향미와 무거운 바디감이 특징이다.

분쇄도	1인분 원두의 양	추출 시간	추출량
굵은 분쇄 (1mm)	8~10g	4분	180ml의 물을 이용 160ml 추출

③ 퍼콜레이터(Percolator)

1806년 영국인 람 포드가 원형을 만들고, 1891년 프랑스인 로레인(Lorrain)이 지금과 같은 형태의 퍼콜레이터(Percolator)를 완성한다. 직화로 퍼콜레이터 포트(Percolator port)를 데우면 포트(port)안의 물이 비등점까지 도달하게 되고 대류가 일어난다.

끓는 물은 내부의 관을 통해서 상부의 필터까지 도달한 뒤 분수처럼 분쇄된 커피 위로 뿌려지며 추출이 일어난다. 추출된 커피는 포트(port) 바닥에 고이게 되고 다시 비등되어서 필터 상부로 도달하여 추출이 반복된다.

포트(port)를 불에서 내려놓을 때 까지 이 과정은 반복되며, 원하는 때에 불에서 내려놓으면 추출을 멈춘다. 반복여과에 의해 커피의 향미를 잃고, 맛이 탁해질 수 있다는 단점이 있는 반면에 가정이나 야외에서 손쉽게 추출이 가능하고, 특히 야외 캠핑 시 진가를 발휘할 수 있다.

분쇄도	1인분 원두의 양	추출 시간	추출량
굵은 분쇄 (1mm)	10g	5분 이내	180ml의 물을 이용 160ml 추출

④ 더치 커피(Dutch Coffee, Water Drip, Cold Brew)

찬물로 추출한 커피를 말한다. 뜨거운 물로 짧게 추출하면 배전된 커피 특유의 향이나 맛이 강하게 나오는 것을 찬물로 장시간 추출해서 양질의 성분만을 추출하는 방법이다.

뜨거운 물에서 주로 추출되는 쓴맛, 떫은맛이 적은 것이 특징이다. 주로 아이스 커피로 마시는 이유는 뜨거운 물에서 발현되는 아로마(Aroma, 향)보다, 플레이버(Flavor, 풍미)가 더 강하기 때문이다. 그래서 아로마(Aroma, 향)가 강한 약배전의 커피보다, 플레이버(Flavor, 풍미)가 강한 강배전의 커피가 더치 커피로 쓰이는 이유다.

강배전 커피의 쓴맛은 차가웠을 때 다른 맛들에 비해 시원함을 더 느끼게 해준다. 더치 커피(Dutch coffee)라는 용어는 네덜란드의 식민지였던 인도네시아에서 네덜란드인들이 인도네시아의 로부스타 커피를 추출해 마시던 방법을 빗대어 더치 커피 라고 불리워졌다. 로부스타종의 커피는 뜨거운 물의 추출로는 쓴맛과 로부스타 특유의 향 때문에 마시기가 어려워 찬물로 추출하는 방법이었다는 설이다.

찬물로 추출하면 높은 온도에서 잘 녹는 수용성의 물질인 카페인이 안 나온다는 이야기가 일반적이었으나, 과학적인 분석에 의해 더치 커피(Dutch coffee)에서도 카페인이 나온다는 것을 여러 곳에서 확인할 수 있다. 대부분의 커피 전문점에서 사용되는 더치 기구는 투명한 유리관을 통과하는 형태인데 실온에서 장시간의 외부 노출로 인해 더치 커피(Dutch coffee)가 오염될 수 있으니 각별한 주의가 필요하다.

분쇄도	10인분 원두의 양	추출 시간	추출량
굵은 분쇄, 가는 분쇄 (0.8mm), (0.3mm)	100g	3시간~12시간	1100ml의 물을 이용 1000ml 추출

⑤ 싸이폰(Siphon, Syphone, Vacuum Brewer)

- 싸이폰의 역사

싸이폰은 1827년 독일에서 고안되었고 현대적인 싸이폰의 모습은 1842년 프랑스의 배쉬 부인(Madame Vassieux)에 의해서 만들어 졌다.

이후 일본의 고노(Kono)사에 의해서 싸이폰(Siphon, Syphone)이라는 이름으로 대중화 되었는데 1917년 카고시마현 출신의 고노 아키라는 큐슈 제국대학 의학부 졸업 후 외무성에 촉탁이 되고, 싱가포르 주재 중에 커피 마니아가 되었다.

1921년 관동 대지진 때문에 귀국한 후, 싱가포르 주재 중에 보았던 진공식의 커피 추출 기구를 보고 의학을 전공한 사람답게 유리 실험기구를 응용해 커피 기구 연구에 몰두해서 마침내 유리로 만든 커피 기구를 완성했다. 그 상품명을 고노식 커피 사이폰으로 이름 짓고, 국내는 물론 해외에도 수출했다.

1941년 제2차 세계대전 때문에 제조를 일시적으로 중단 해야만 했지만, 전후 다시 제조에 착수하고 상품 개량을 거듭하여 현재에 이르렀다.

- **싸이폰의 추출 방법**

  플라스크에 담긴 물이 가열되면서 수증기의 압력에 의해 로드로 밀려 올라가 분쇄된 커피와 섞인 후 추출된 커피가 가열을 멈추면 다시금 아래의 플라스크로 내려오며 섞여있던 커피 가루는 중간에 필터에 걸러지고 플라스크에는 걸러진 커피만 내려오게 하는 추출방식으로 진공 여과 방식이라고 한다.

- **싸이폰의 구성**

  ① 로드(Rod) 또는 상볼(Upper bowl) : 증기압에 의해 솟구친 뜨거운 물이 커피가루와 만나는 곳
  ② 필터(Filter) : 로드에서 추출된 커피를 커피가루와 분리하는 장치. 필터의 종류로는 유리, 융, 종이, 금속 필터가 있다.
  ③ 플라스크(Flask) 또는 하볼(Low bowl) : 찬물 또는 뜨거운 물을 담아 열원에 의해 가열되는 곳
  ④ 스탠드(Stand) 와 클램프(Clamp) : 플라스크의 목을 스탠드에 부착된 클램프로 고정하고 지지하는 역할
  ⑤ 스틱(Stick) : 하부 플라스크에서 가열된 뜨거운 물이 증기압에 의해 상부 로드로 솟구쳐 커피가루와 만났을 때 커피의 가용 성분을 더 잘 추출하기 위해서 저어주는 기구. 싸이폰 커피의 역사가 오래된 일본에서는 다양한 형태의 스틱을 만들어 사용하기도 한다.
  ⑥ 열원 : 플라스크 내부에 담긴 물을 가열하는 장치

- **싸이폰 커피의 특징**

  싸이폰 커피의 특징 중 첫 번째를 뽑으라면 필자는 무조건 향을 뽑겠다. 싸이폰은 다른 추출기구와 다르게 추출 시 계속 가열을 하고 있기 때문에, 커피의 휘발성 향기들이 더 많이 발산된다.

두 번째로는 보는 즐거움이다. 커피가 추출되어지는 전 과정이 투명한 유리를 통하여 보여 지기 때문이다.

• 싸이폰 추출 시 유의 사항

싸이폰 추출에서 많은 사람들이 가장 많이 언급하는 것은 유리 재질로 이루어져 있는 싸이폰 기구의 파손에 관한 이야기일 것이다.

싸이폰 기구의 파손은 크게 두가지로 이루어지는데 한 가지는 부주의에 의해 부딪혀서 깨지는 파손일 것이며, 두 번째는 급격한 온도 차이에 의한 파손이다. 바로 추출이 끝난 후 채 식기 전에 갑자기 차가운 물로 세척하거나, 플라스크 바깥쪽에 물이 묻어있는 상태에서의 가열, 또는 물이 들어 있지 않은 상태에서의 가열에 주의해야 한다.

필터의 세척도 주의해야 한다. 종이 필터는 1회 사용 후 버리므로 상관이 없겠지만, 융 필터는 사용 후 삶아서 커피의 오일 성분을 세척 후 깨끗하고 차가운 물이 들어있는 밀폐용기에 넣은 후 냉장고에 보관해야 한다.

• 싸이폰 커피의 추출 후 돔 모양과 거품의 유무

싸이폰으로 커피를 추출한 후 필터위에 남은 커피가루의 모양이 돔 모양을 하고 있으면 추출이 잘 되었다라고 많은 사람들이 이야기 한다. 이는 핸드드립 추출 후 필터에 남은 커피 찌꺼기의 모양이 화산 분화구 형태여야 한다, 또는 에스프레소 추출 후 커피 퍽의 모양과 색깔, 굳기를 확인하는 것과 같은 이유일 것이다.

보통 그라인더로 커피를 분쇄하면 일반적으로는 대다수의 사람들이 같은 크기의 분쇄 정도일 것 이라 생각하겠지만 실제로는 30%정도만 같고, 나머지 70%는 비슷하기는 하지만 같지 않다고 한다. 로드에 담겨져 물에 섞인 커피가루를 자세히 보면 가장 위가 굵고, 아래로 내려갈수록 가늘다는 것을 확인할 수 있다.

그 순서로 추출이 되면, 가장 아래에 남아 있는 미분에 의해 필터가 막혀 추출속도가 저하되고, 그 영향으로 과다 추출이 일어나서 잡미가 나올 확률이 높아진다. 그래서 로드에 올라온 커피가루를 처음에는 골고루 추출이 일어날 수 있도록 물에 떠있는 부분과 그렇지 않은 부분을 가볍게 섞어주는 것이며, 좀 더 진한 커피가 필요하다면 스틱을 이용해 교반을 해주면 된다.

교반은 한번 내지 두 번을 하는 것이 일반적이다. 교반을 할 때는 물에 섞인 커피가루 층의 상층부 1/2에서만 교반을 해야 한다. 그 이유는 하층부 1/2까지 교반하면 앞서 언급한 내용처럼 아래쪽에 깔려있는 미분까지 추출을 하게 되어 잡미가 나올 가능성이 높아지기 때문이다.

교반을 할 때 스틱을 이용해서 원운동을 하게 되는데 원운동에 의해 원심력이 생기고 그로 인해 상층부의 굵은 커피가루와 하층부의 가는 커피가루의 위치가 바뀌며 추출이 원할 하게 된다. 그런 결과로 커피가루 찌꺼기의 모양이 돔 모양이 되는 것이고 돔 모양을 확인하는 것으로 추출의 이상 유무를 확인할 수 있다는 것이다.

또 하나, 추출이 잘 되었는지를 확인하는 방법은 추출 후에 나오는 거품의 유무이다. 이 거품은 커피의 휘발성 향미를 포함한 이산화탄소가 물과 만나 거품의 형태가 돼있는 것이다. 로드로 솟구친 물이 커피가루와 만나 교반된 후 계속 가열이 진행되면 휘발성 향미를 품은 이산화탄소도 기화되고 만다. 이산화탄소가 기화됐다는 것은 커피의 향도 같이 날아갔다는 것을 의미하며 이 사실은 추출 후에 나오는 거품의 유무로 판단한다.

- **싸이폰 커피 추출의 팁**

　싸이폰 추출의 기본은 뭐니 뭐니 해도 추출온도의 파악일 것이다. 대다수의 바리스타들은 물이 끓기 시작하면 커피가루를 담아놓은 상부의 로드를 끼워 물을 솟구치게 한 후 스틱을 사용해서 교반을 할 것이다.

　이러한 추출의 가장 큰 문제점은 계속 가열되고 있다는 것이다. 우리가 커피에 입문해서 거의 처음으로 배우는 것 중에 추출한 커피를 재 가열하지 말라는 내용을 듣게 된다. 그 이유는 추출한 커피를 재가열하면 휘발성인 커피의 향기가 사라지고, 또한 가열에 의해 커피가 졸아들어서 맛도 좋지 않게 변한다는 것 때문이다.

　그러면 무조건 재 가열은 좋지 않은 것 일까? 대부분의 매출을 차지하는 아메리카노와 베리에이션 커피는 에스프레소 머신을 사용하고, 상대적으로 적은 매출의 핸드드립 커피는 블렌딩 또는 싱글 오리진으로만 추출하기 때문에 주문 시 1~2잔, 많아야 3~4잔 이내의 커피를 추출한다.

　커피 전문점의 역사가 오래된 일본에서는 오래전부터 핸드드립 커피로 베리에이션 커피까지 사용했기 때문에 대량으로 추출 한 후 재 가열하는 것이 그리 낯선 행동이 아니다. 이 말은 커피의 재 가열이 실재로는 실전에서 빈번하게 사용되어지고 있다는 뜻이다.

　싸이폰 커피를 이야기하면서, 핸드드립 커피의 재 가열을 언급하는 이유는 커피의 가열도 방법에 따라서는 커피의 맛과 향을 극대화 시킬 수 있기 때문이다. 플라스크 내부의 커피가 가열되며 기포가 연속적으로 올라가는 모습이 보이면 그 당시의 물의 온도는 약 95℃ 이다.

가열된 물이 커피가루를 담은 로드를 장착하면 상부 로드로 솟구친다. 그리고 상부 로드에서 커피가루와 만나면 물의 온도는 약 90℃로 떨어진다. 이때 사용되는 커피는 약 90℃의 온도에 맞는 배전도의 커피를 사용하면 훨씬 효과적일 것이다.

하지만, 다른 배전도의 커피는 어떻게 추출 할 것인가? 라는 의문이 남을 것이다. 풀씨티를 넘긴 강배전의 커피는 80℃ 정도의 낮은 온도로 추출하는 것이 쓴맛을 줄이는데 유리하다고 언급한 적이 있다. 이때는 솟구친 로드 내부의 물 온도를 80℃로 맞추면 되는데 첫 번째로 일본에서 많이 쓰이는 방법은 로드에서 섞인 물과 커피가루에 찬물을 더해줘서 온도를 낮추는 방법이다.

두 번째로는 로드에 커피를 먼저 담지 않은 상태에서 로드에 물을 올리고, 로드로 올라간 물 온도를 온도계를 이용해 확인한 후 커피가루를 로드에 올라온 물위에 넣는 방법이다.

세 번째는 하부 플라스크의 물이 끓기 전에 로드를 장착한다. 그러면 꼭 끓는점이 되지 않더라도 플라스크 내부의 증기압에 의해 낮은 온도에서도 물은 로드로 올라간다. 대신 올라가는 속도가 느리므로 이때는 분쇄도를 조금 굵게 할 필요가 있다.

분쇄도	1인분 원두의 양	추출 시간	추출량
굵은 분쇄, 가는 분쇄 (0.8mm), (0.5mm)	10~12g	3분 이내	150ml의 물을 이용 120ml 추출

- 모카포트(Moka Pot, Moka, Italian Stove Top)

1933년 알폰소 비알레띠(Alfonso Bialetti)가 처음 개발하였으며, 2차 대전 후 아들인 로베르토 비알레띠(Roberto Bialetti)에 의해 1956년 밀라노 세계 박람회에서 큰 인기를 얻음으로써 전 세계적으로 히트를 치게 된다.

추출되는 원리는 증기압에 의해서다. 하부 챔버에 들어있는 물이 가열되면서 수증기가 생기고, 증기압이 만들어지면 증기압에 의해 하부 챔버의 뜨거워진 물이 필터 바스켓의 관을 따라 위로 올라가게 된다. 관을 타고 올라간 물이 커피가루를 통과하면서 커피 성분이 추출된다.

분쇄도	1인분 원두의 양	추출 시간	추출량
가는 분쇄 (0.3mm)	6~7g	3~4분	45ml의 물을 이용 30ml 추출

드립퍼의 형태에 따른 추출법

- 멜리타 드립퍼와 칼리타 드립퍼 그리고 융 드립

1908년 독일 드레스덴의 멜리타 벤츠 여사에 의해 최초의 멜리타 드립퍼가 발명된 이래 1937년 아들인 홀스트 벤츠에 의해 현재의 드립퍼와 같은 위가 넓고 아래로 갈수록 좁아지는 형태의 드립퍼가 개발되었다.

1, 2차 세계대전을 거치며 사람들의 커피에 대한 갈망은 치커리 커피, 메밀 커피 등의 다양한 시도로 커피를 대신 하였지만 어느 것도 진짜 원두커피를 완벽히 대신할 수 없었다.

2차 세계대전 후 일본에는 그 동안의 갈망을 만회라도 하듯 많은 수의 커피숍이 생겨났는데 이때의 주된 추출기구는 싸이폰과 지금의 융(넬)드립 이었다.

융(넬)드립의 가장 큰 장점이라면 페이퍼 드립에서는 나오지 않던 커피의 오일이 나오게 되어 더 매끈하고, 바디감 있는 커피가 된다는 것이다. 그리고 페이퍼 드립에서 불림을 주게 되면 위로만 부풀던 커피가루가, 융(넬)드립에서는 탄력 있는 융에 의해 위, 양옆, 아래로도 부풀게 되어 페이퍼 드립에 비해, 훨씬 진하고, 다양한 맛과 향을 만들어 낼 수 있다는 것이다.

그런 장점에도 불구하고, 현재 대다수의 커피숍은 페이퍼 드립을 하고 있다. 그 이유는 융(넬)드립의 추출 전후의 불편함에 있을 것이다. 새 융(넬)은 추출 전 한번 삶아 융(넬)의 조직을 벌려 추출이 잘 될 수 있도록 해야 한다. 예를 들면 새 행주를 사서 바로 사용 하면 물기를 흡수하지 못해 한번 삶은 후 사용하는 것과 같은 이유라고 할 수 있다. 융(넬)을 삶을 때는 약간의 커피가루를 같이 넣어 융(넬)이 출시될 때 나타날 수 있는 냄새를 없애야 한다.

커피 추출에 사용한 융(넬)을 보관하기 위해서는 다시 물에 삶아야 한다. 우리가 입는 옷처럼 세척을 위해 세제를 사용할 수 없으니 최선의 방법은 물에 삶는 것 뿐이다. 삶은 후 깨끗한 물에 헹구어 밀폐 용기에 물과 함께 담아 냉장 보관해서 세균이나 곰팡이의 증식을 막아야 한다. 이렇게 주의를 기울이며 사용을 해도 30~50회 정도 밖에 사용할 수 없다.

융(넬)드립은 추출도 페이퍼 드립에 비해 쉽지 않다. 페이퍼 드립에 사용되는 드립퍼의 최종 목적은 페이퍼 필터를 받쳐주는 역할이다. 각종 드립퍼에는 작든 크든 리브라는 것이 있다. 리브의 목적은 커피가루 안에 있는 공기를 빼주는 역할이 첫 번째이고, 두 번째는 물의 흐름에 관여하고, 세 번째는 사용한 페이퍼 필터의 용이한 제거에 있다.

융(넬)드립에 비해서 페이퍼 드립이 가지고 있는 가장 큰 장점은 아주 잘 추출한 사람과 그렇지 않은 사람의 차이가 크지 않다는 것이다. 그 이유는 리브의 역할 중에 두 번째인 물의 흐름이다. 하지만 융(넬)드립은 물의 흐름을 추출하는 사람의 기술로 만들어야 하기 때문에 페이퍼 드립에 비해서 어려운 드립으로 인식하고 있는 것이다. 융(넬)드립의 이런 이유로 인해, 일본에서 페이퍼 드립이 융(넬)드립을 대체하기 시작했다.

독일에서 개발된 멜리타 드립퍼가 일본에 소개되었을 때 사람들의 반응은 "너무 진하다"였다. 이 당시만 해도 일본은 커피를 차(tea)처럼 연하게 내려 마시고 있었는데 멜리타 드립퍼를 사용해보니 그 당시 독일 사람들의 커피 농도를 드립퍼가 그대로 옮겨 왔기 때문이었다.

전통적으로 독일은 다른 유럽 국가들에 비해서도 진한 커피를 선호했다. 오죽하면, 저먼(German) 로스트(지금의 풀씨티)라는 배전도가 따로 있을 정도였다. 그 배전도에 맞게 개발된 멜리타 드립퍼가 지금 사용되어지는 추출구가 한 개인 드립퍼이다. 참고로 비슷한 시기에 에스프레소가 일본에 보급되었지만 쓰고 진하다는 이유로 인기를 못 끌다가, 1990년대 들어서야 다시 빛을 보게 된 것과 비슷한 이유라고 할 수 있다.

그와 비슷한 시기에 칼리타 라는 드립퍼도 소개가 되는데 이 드립퍼는 멜리타와 다르게 추출구가 3개로 되어 있으며, 리브의 개수도 더 많고, 윗지름과 아래지름의 차이가 더 크다. 윗지름과 아래지름의 차이가 크다는 것은 그 만큼 드립퍼 안에 들어간 물의 추출 속도가 빨라진다는 것을 의미한다.

추출 속도가 빠르다는 것은 커피가루와 물의 접촉시간이 짧아져서 커피의 수용성 성분을 덜 추출한다는 것을 의미한다. 그 당시의 상황에는 멜리타 드립퍼 보다는, 칼리타 드립퍼가 대다수의 사람들에게 인정받지 않았을까 생각해 본다.

아로마 및 표준 타입의 멜리타 드립퍼

멜리타는 시티 로스팅(중중배전)과 풀시티 로스팅(중강배전) 정도로 약간 진하게 볶은 원두를 사용하며, 커피 추출에 사용되는 드립퍼도 아로마(AROMA) 타입과 표준 타입의 두 종류로 구분된다.

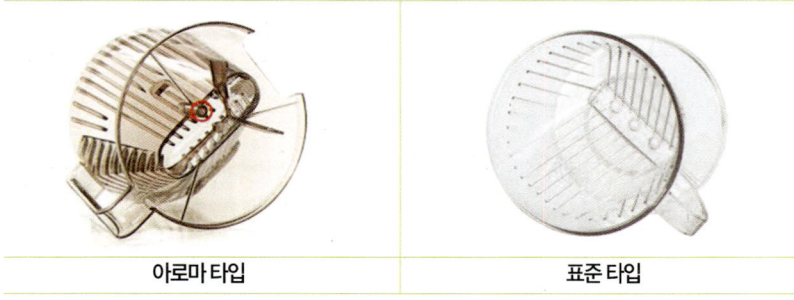

| 아로마 타입 | 표준 타입 |

아로마 타입은 커피 추출구가 드립퍼의 밑면이 아니라 1cm 상단에 뚫려 있어 표준과 비교해 여과력이 좋지 않기 때문에 뜸 들이는 시간을 길게 해야 하고, 일반적인 드립식 보다 진한 커피를 얻고 싶을 때 권할 만한 방법이다.

아로마 타입으로 커피를 추출할 때는 드립퍼 내의 추출구 위치가 높아 물의 낙하 속도가 더디다는 점을 감안해 뜸들이는 시간을 평소보다 길게 잡는다면 어렵지 않게 비교적 농후한 커피를 추출해낼 수 있다.

칼리타의 추출구가 3개인 데 반해 멜리타는 추출구가 1개 뿐인 점도 다르다. 드립퍼의 바닥 역시 칼리타가 수평인데 비해 멜리타는 약간 경사가 있고, 드립퍼 내의 립(Rib, 공기가 잘 빠지도록 줄 모양으로 생긴 홈) 또한 칼리타에 비해 멜리타가 긴 편이다.

멜리타로 커피를 추출할 때는 뜸 들이는 작업을 할 때 물을 여러 번 나눠 붓지 않고 한 번에 바로 주입하며 원두가 팽창할 때까지 약 30~40초 정도 시간을 두어야 한다. 이때 사용되는 원두는 권장 사용량보다 약간 적게 설정하며 물 빠짐이 원할하지 못하다는 점을 감안해 뜸 들이는 시간도 45초 정도로 표준에 비해 약간 길게 잡는 것이 유리하다.

뜸 들이는 작업이 끝난 후에도 칼리타 처럼 몇 번에 걸쳐 물을 나눠 주입하는 것이 아니고 중심부에 천천히 '물을 얹는 것'처럼 계속적으로 주입한다. 이때 추출구를 통해 나오는 커피액과 물 주입량의 밸런스를 의식해 드립퍼 내에 항상 적정량의 물이 남아있도록 하는 것이 중요한 노하우이다.

그리고 원하는 양이 추출되면 드립퍼 내에 있는 물이 전부 낙하하기 전에 재빨리 작업을 끝내는 것도 매우 중요한데, 이것은 그때까지 드립퍼에 남아있는 물속에 불필요한 성분까지 포함되어 있어 서버에 모인 커피액과 뒤섞이는 것을 방지하기 위한 것이다.

멜리타 방식은 국내에는 제대로 보급되지 않았지만 외국에서는 페이퍼 드립의 대명사처럼 인식되어 있는 대중적 방법이다. 그러나 멜리타 방식은 물과 커피의 접촉 시간이 길기 때문에 잡미가 혼입될 위험이 높아 아무래도 깨끗한 맛이 부족한 편이다. 이 때문에 소량일 때는 큰 문제가 없지만 대량 추출에는 적합하지 않다는 것이 멜리타 방식에 대한 대체적인 평이다.

칼리타와 멜리타 추출의 비교

일반적으로 커피의 맛과 향은 네 가지 요소의 결합에 의해 결정되어 진다고 알려져 있다. 딱히 정해져 있는 것은 아니지만 생두의 질이 커피 맛의 70% 정도를 결정한다고 본다면 배전이 20%, 추출법이 7%, 배전후의 원두 관리가 3% 정도라고 생각된다.

커피 맛의 결정요인 중에 7% 정도를 차지하는 추출법은 일견 작은 부분을 차지하는 듯이 보이지만, 전체적인 맛의 밸런스를 맞춰주고 그 원두가 가지는 맛과 향을 충분히 살려내기 위해서는 굉장히 중요한 요인이라고 볼 수 있다.

페이퍼 드립이든 융 드립이든 고노든 싸이폰이든 무관하게 커피를 추출하기 전에 반드시 선행되어져야 할 요건이 있는데 자신이 추출하고자 하는 커피가 가진 고유의 맛과 향을 완벽하게까지는 아니더라도 어느 정도는 파악하고 있어야 한다는 점이다.

왜냐하면 다양한 종류의 커피들은 그 다양성 만큼이나 다양한 맛들을 지니고 있기 때문이다. 결국 커피를 만들고 추출한다는 것은 '창조'가 아니라 각각의 커피가 지닌 고유한 맛과 향을 표현해 내는 과정이기 때문에 고유한 맛을 모르고서는 많은 시행착오를 거칠 수밖에 없다.

그래서 고유한 맛과 향! 가장 먼저 그것을 찾고 이해하는 노력이 반드시 필요하다. 가장 좋은 방법은 제대로 된 커피숍들을 찾아다니며 자주 맛보는 것이다. 시간과 비용을 들여 다양한 커피들을 맛보고, 어렴풋이나마 각 커피들이 가지는 독특한 맛과 향을 이해했다면, 그 후 스스로 그 맛과 향을 표현해 내는 것이다.

- 칼리타와 멜리타의 구조적 차이

　칼리타와 멜리타, 두 개의 추출기구는 언뜻 보기엔 비슷한 듯 보이나 구조적인 차이를 가지고 있다. 칼리타는 추출구가 3구인 것에 비해 멜리타는 1구라는 점이 가장 대표적인 차이점이다.

　이 구조적 차이는 커피배전에서 그 원인을 찾을수 있는데 일반적으로 시나몬, 미디움, 하이 정도로 배전된 커피들은 칼리타를 사용해 추출하고 그 이상으로 배전된 커피들은 멜리타를 이용해 추출하게 된다.

　칼리타는 구멍의 개수가 3구인데 비해 멜리타의 구멍이 1구인.것은 물이 드립퍼 안에 머무는 시간을 늘려주고 동시에 중강배전 된 커피의 수분을 보충해 주어 묵직한 바디감과 진한 맛을 살려주려는 기능적인 이유에서 기인한다.

　실제로 강배전된 커피를 무리해서 물을 빨리 투과해버리면 커피액이 바디감을 잃게 되고 밋밋한 물맛을 가지게 된다는 것을 알 수 있다.

- 분쇄 굵기의 차이

　분쇄정도는 약하게 배전된 커피일수록 굵게 갈아주어야 하며, 강하게 배전된 커피 일수록 가늘게 갈아주어야 한다. 그 이유는 약배전한 커피를 지나치게 가늘게 그라인딩해서 추출할 경우 드립퍼 안에 물이 머무는 시간이 길어져서 결국 전체적인 추출시간이 늘어져버리게 되고, 그렇게 되면 약배전과는 어울리지 않는 진한 커피를 얻게 되기 때문이다. 심할 경우 약배전 커피만의 고유한 특징인 맑고 투명하면서도 깨끗하고 상쾌한 커피의 맛을 잃어버리게 된다.

　반대로 중강배전 된 커피를 지나치게 굵게 그라인딩해서 추출할 경우 투입한 물이 드립퍼 안에 머물지 못하고 지나치게 빨리 투과되어 심할 경우 중강배전 커피가 가지는 묵직한 바디감과 진한 커피 맛을 잃게 되고 추출한 커피액에서 밍밍한 물맛이 나게 된다.

몇몇 숍에선 약배전한 커피든 중강배전 한 커피든 동일한 드립퍼와 분쇄정도를 가지고 같은 양의 커피를 내린 후 물을 희석시켜 농도를 조절하는 경우가 있는데 서로의 장단점이 있겠지만, 그다지 권하고 싶지는 않다.

– 추출 방법의 차이

칼리타와 멜리타는 구조적인 차이를 가지고 있기 때문에 물을 투입하는 방법도 달라야 한다. 커피를 적당한 굵기로 분쇄해서 페이퍼에 넣고 첫 번째 물을 떨어뜨리는 그 순간부터 커피와 나만의 대화가 시작된다.

분쇄된 커피에 물을 투입할 때에는 중요한 몇 가지 포인트가 있다.

첫째, 첫 번째 물은 얼마만큼 투입해야 좋은가?

둘째, 두 번째 물의 투입은 언제 해야 하는가?

셋째, 물줄기의 굵기는 어떻게 결정할 것인가?

넷째, 전 과정을 놓고 볼 때 몇 번에 나눠서 물을 줄 것인가?

다섯째, 언제 끝마칠 것인가?

이 다섯 가지 사항이 충분히 고려되어야 하는데, 분명히 명심해야 할 것이 있다.

커피추출은 추출하는 사람의 일방적인 작업이 아니라, 분쇄된 커피의 변화되는 상태를 충분히 관찰 고려해가며 그에 맞게 전 과정을 이끌어가야 하는 쌍방적인 대화라는 점이다.

> 첫 번째 물은 얼마만큼 줄 것인가? 두 번째 물은 언제 주어야 하는가? 물줄기의 굵기는 어떻게 결정해야 하는가? 몇 번에 나눠서 물을 주어야 하는가? 언제 끝마칠 것인가? 이 다섯 가지 사항은 결국 변화되는 커피의 상황에 의해 조정되어야 하는 것이다.

페이퍼 안에 담겨진 분쇄된 커피에 떨어지는 첫 번째 물의 투입은 칼리타나 멜리타나 동일하다. 커피의 중심에서 시작해서 바깥쪽으로 원을 그리듯 물을 부어나가되, 너무 많은 물을 투입하지 말고 커피의 표면이 전체적으로 적셔질 만큼만 부어주어야 하는데 적당한 것은 서버 안쪽으로 커피액이 '똑똑' 떨어져 내릴 정도가 되는 것이다.

만약 커피액이 '똑똑' 떨어져 내리지 않고 '쭉' 하고 흘러내린다면 물을 너무 많이 투입한 것이고, 그렇게 되면 의도와는 다르게 너무 짧은 시간에 추출과정을 마치게 된다. 반대로 지나치게 물을 적게 투입하게 되면 커피가 충분히 적셔지지 않게 되고 결국 충분한 맛과 향을 이끌어내기가 어려워진다.

이 첫 번째 물의 투입은 분쇄된 커피에 적당한 수분을 공급해주고 물길을 충분히 열어줌으로써 커피가 원활하게 추출될 수 있도록 하는 역할을 한다. 첫 번째 물의 투입이 커피맛을 결정하는데 절대적인 역할을 하기 때문에 많은 연습을 통해서 반드시 숙달시켜 두어야 한다. 또, 원을 그리듯 물을 투입할 때 절대로 페이퍼에 직접 물이 닿지 않도록 주의해야 함은 물론이다.

두 번째 물을 언제 어떻게 투입할 것인가?

첫 번째 물이 투입되면 커피가 전체적으로 부풀어 오르다가 어느 순간 부풀음이 멈추는 순간이 보인다. 이 최고점에서 두 번째 물을 커피 정 중앙에 살짝 돌리면서 투입한다.

이때 칼리타와 멜리타의 차이가 드러나게 된다. 칼리타의 투입 양이 멜리타보다 약간 많은 것이 좋으며, 높은 위치에서 물을 투입하지 말고 가능한 커피 표면에 가까운 위치에서 물을 투입하는 것이 안정적이고 커피표면을 타고 물이 흘러내리는 현상을 예방할 수 있다.

추출의 모든 과정을 놓고 볼 때 점차 변화를 주어야 할 것이 있는데 물줄기와 물의 양 그리고 낙차. 물줄기는 처음엔 가늘게 시작해서 보다 굵은 상태로 마치는 것이 적당하며 부어주는 물의 양도 적게 시작해서 마지막 과정으로 갈수록 점차 늘려주어야 하고 낙차도 낮은 위치에서 시작해서 점차 높은 곳으로 변화를 주는 것이 좋다.

물론 칼리타 보다는 멜리타가 모든 과정을 놓고 볼 때 한 번에 투입하는 물의 양이나 물줄기의 굵기가 적고 가늘어야 하며, 주로 중강배전의 커피를 추출하기 위해 가늘게 분쇄된 커피를 사용한다.

멜리타는 드립퍼 안에 물이 머무는 시간이 길기 때문에 물줄기를 가늘게 하여, 물의 양을 조금씩 늘려가지 않으면 자칫 커피 전체가 투입된 물에 의해 붕 떠버리는 결과를 초래할 수 있다. 뿐만 아니라, 커피표면을 타고 물이 흘러내려 결국 커피액이 탁해지거나 기분 나쁜 잡맛을 내는 원인이 된다.

반면에 칼리타는 약배전한 커피를 굵게 분쇄해서 추출하기 때문에 물의 투과가 원활하고 추출이 용이한 편이다.

언제 끝마칠 것인가?

　추출을 마칠 때에는 서버 안에 떨어져 내리는 커피액이 멈출 때까지 남김없이 추출해서는 안 되고, 커피액이 떨어져 내리는 과정 중에 추출을 멈춰야 한다. 남김없이 커피액을 추출할 경우 커피가 가진 좋지 않은 잡미까지 추출되기 때문이다.

– 결론

　커피추출 방법이나 그라인딩의 정도, 추출액의 양 등은 커피의 배전정도에 따라 변화를 주고 강배전 된 커피와 약배전 된 커피를 알맞게 구분지어 그 특성을 잘 살려내도록 해야 한다.

　모든 커피를 동일하게 내리는 것도 하나의 방법이겠지만, 커피의 상태에 맞게 변화를 주는 것은 추출하는 사람에게나 커피를 제공받는 고객 입장에서나 보다 즐겁고 흥미로운 일이 되리라 생각한다.

　배전이든 추출이든 커피가 가진 고유한 맛과 향을 제대로 표현해 내는 것은 정말 어려운 작업이다. 커피가 볶아져 나올 때마다, 그리고 선택한 방법으로 커피를 추출할 때 마다 고민과 탐구가 계속되는 것은 커피를 업으로 하는 사람들에겐 어쩌면 지극히 당연한 일인 것 같다.

융 드립에 가까운 감칠맛, 고노 드립퍼

고노식 커피 사이폰은 일본에서 다이쇼 시대부터 이어지고 있는 유일한 메이커이다. 이후, 1970년에 지금의 고노 드립퍼의 원형을 만들었는데 원추형의 모양은 지금과 흡사한 모양이었지만 리브가 끝까지 올라간 형태였다. 판매 후 만족스럽지 못했던 고노사는 생산을 중단하고, 다시금 연구 개발하여 지금의 고노 드립퍼를 만들게 된다.

원추형의 고노식 드립퍼는 페이퍼 필터를 통해 융처럼 감칠맛이 나는 커피를 얻기 위한 목적으로 개발되었다. 일본인 고노(河野)에 의해 개발된 고노 드립퍼는 멜리타나 칼리타와 달리 고깔 모양의 원추형으로 되어 있으며 밑면에 한 개의 큰 추출구가 뚫려 있다.

이 고노 드립퍼를 이용하면 융에 가까운 느낌의 질 좋은 커피를 얻을 수 있으나 보통의 페이퍼로는 아무래도 맛이 가벼워지기 때문에 무엇보다 고도의 추출 기술이 뒷받침되어야 한다. 고노는 맛의 차이가 심하기 때문에 초보자들이 쉽게 다룰 수 있는 기구는 아니다.

고노 드립퍼를 사용해 커피를 추출하기 위해서는 우선 원추형의 고노 드립퍼에 밀착될 수 있도록 고깔모양으로 제작된 고노 전용의 페이퍼 필터를 사용해야 한다. 이때 멜리타나 칼리타보다 물을 적게 붓고 뜸 들이는 시간은 길게 하는 것이 기본 요령이다.

이것은 드립퍼가 원추형이라 물이 빠져나가는 시간이 길기 때문인데 그만큼 물과 원두가 접촉하기 위한 시간적인 여유를 감안해야 한다. 또 이처럼 물을 적게 하는 것은 원두가 필요 이상으로 팽창되는 것을 예방하기 위한 목적도 있다.

원추형인 고노 드립퍼에는 중심부에 원두가 집중되기 때문에 가능한 한 전면에 고루 퍼지도록 신경을 써야 한다. 그 후에는 다른 페이퍼 추출 방식처럼 중심에서 시작해 나선형 원을 그리면서 물을 주입하는데 마지막에는 드립퍼 내의 물이 마르기 전에 드립퍼를 제거해야 하는 것은 물론이다.

페이퍼 필터나 융에 직접 물을 부어서는 안 된다는 것은 여과법의 기본 원리이므로 이는 새삼 거론하지 않아도 될 것이다.

하리오 드립퍼

하리오(Hario)는 뛰어난 강도와 내열성, 디자인으로 아시아 전역에서 최고의 유리 제조사로 인정받고 있는 유리 전문 업체로서 일본의 커피 역사와 함께 싸이폰, 커피메이커 등 다양한 커피추출 기구들을 유리로 생산 해내고 있다.

하리오는 지금 유명해진 V60 드립퍼 이전에도 다양한 형태의 드립퍼를 만들었다. 그 다년간의 노하우가 현재 세계적으로 주목받고 있는 V60 드립퍼로 이어지지 않았을까 싶다.

또한 스페셜티 커피의 붐에 힘입어 미국, 유럽, 호주 등 서구권 바리스타들도 핸드드립 커피를 하게 되고, 전통적으로 자기들만의 핸드드립 방법을 가지고 있던 서구권의 바리스타들에게 스페셜티 커피와 잘 맞는 드립퍼라는 마케팅이 잘 맞지 않았나 싶기도 하다.

그와 맞물려, 월드 브루잉 대회에서 우승과 입상을 한 여러명의 참가자가 하리오 V60 드립퍼를 사용하게 되면서 우리나라와 일본의 바리스타들이 사용하게 된다.

하리오 드립퍼의 가장 큰 장점이라면 빠른 추출 속도일 것이다. 멜리타는 원래 핸드드립용으로 나온 제품은 아니었기 때문에 필터 장착 후 추출량 만큼의 물을 한 번에 부어 추출하는 방법을 사용했던 것을 일본 사람들에 의해 핸드드립이라는 추출 기술로 발전되었다.

하지만, 그 후에 나온 칼리타, 고노, 하리오는 철저히 핸드드립을 하기위한 드립퍼이다. 그 중에 하리오는 융 다음으로 추출 속도가 빠르며 추출 속도가 빠르다는 것은 추출 속도를 느리게 만들 수 있는 다양한 변수를 사용해야 한다는 의미이다. 결코, 추출이 쉽다는 것이 아니고, 오히려 추출하는 사람의 능력이 더 필요하다는 것이다.

Tip

추출이 쉬운 드립퍼 (누가 추출해도 비슷한 맛을 낼 수 있는 드립퍼)
멜리타 > 칼리타 > 고노 > 하리오 > 융

← 쉬움   어려움 →

핸드드립 추출

MELITA DRIP

멜리타 뜸들이기

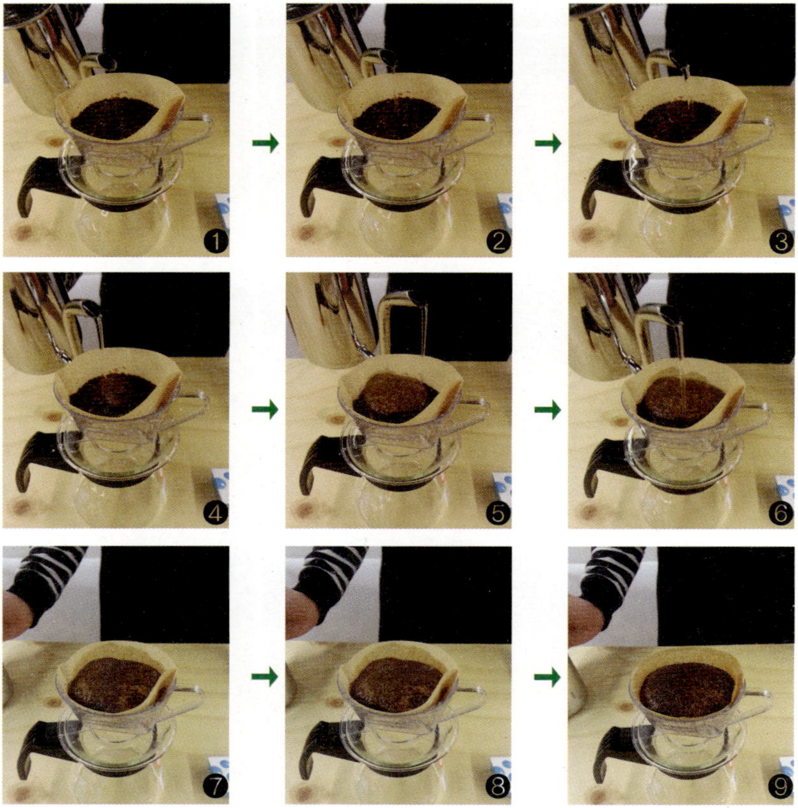

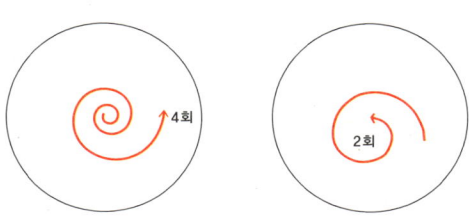

< 멜리타 불림 (뜸들이기) >

　동심원의 형태로 중심부에서 바깥쪽으로 4바퀴에 이어서, 바깥쪽에서 안쪽으로 2바퀴를 부은 후 부풀어 오른 커피가루의 표면이 살짝 내려앉는 느낌이 들 때(이때까지의 시간을 대략 20~30초라고 표현한다)추출에 들어간다.

　불림 시 붓는 물의 양은 총 추출량의 약 10%로 보면 된다. 물줄기는 가늘고 빠르게 붓고, 옆에서 봤을 때 모두 적셔져야 한다. 가장 좋은 것은 서버에 1~2방울 정도 떨어지는 상태이다. 주의할 점은 1~2방울 떨어진 양이 중요한 것이 아니고, 드립퍼 내부의 커피가루가 모두 적셔 졌느냐가 더 중요하다는 것이다.

멜리타 추출

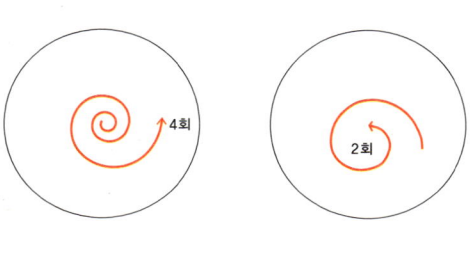

<추출>

　동심원의 형태로 중심부에서 바깥쪽으로 4바퀴에 이어서, 바깥쪽에서 안쪽으로 2바퀴를 연속적으로 추출이 종료 될 때 까지 반복한다. 주입속도는 초반 30% 추출까지는 가늘고 빠르게, 이후 나머지 70% 추출은 굵고 천천히 주입한다.

　멜리타는 한 번에 추출하는 것이 좋다고 알려져 있다. 이유는 추출구가 하나인데다 리브의 각도, 형태 등에 의해 추출 속도가 다른 드립퍼들보다 느리기 때문에 나눠서 드립하면 추출시간이 더욱 길어져 과추출이 될 가능성이 높아지기 때문이다.

　핸드드립 추출의 기본은 초반에 맛있는 성분을 추출 후, 후반부의 맛없는 성분은 추출이 안 되게 하는데 있다.

KALITA DRIP

칼리타 뜸들이기

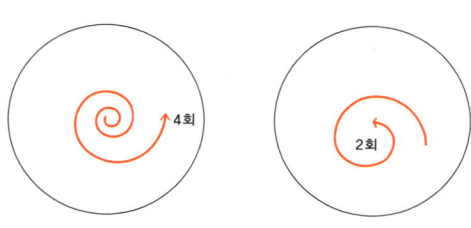

< 칼리타 불림 (뜸들이기) >

동심원의 형태로 중심부에서 바깥쪽으로 4바퀴에 이어서, 바깥쪽에서 안쪽으로 2바퀴를 부은 후 부풀어 오른 커피가루의 표면이 살짝 내려앉는 느낌이 들 때 (이때까지의 시간을 대략 20~30초라고 표현한다) 추출이 들어간다.

불림 시 붓는 물의 양은 총 추출량의 약 10%로 보면 된다. 물줄기는 가늘고 빠르게 붓고, 옆에서 봤을 때 모두 적셔 져야 한다. 가장 좋은 상태는 서버에 1~2방울 정도 떨어지는 것이다. 주의할 점은 1~2방울의 떨어진 양이 중요한 것이 아니고, 드립퍼 내부의 커피가루가 모두 적셔 졌느냐가 더 중요하다.

칼리타 1차 추출

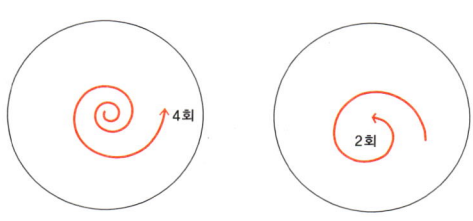

<칼리타 1차 추출>

1차 추출은 동심원의 형태로 중심부에서 바깥쪽으로 4바퀴에 이어서, 바깥쪽에서 안쪽으로 2바퀴를 주입한다.

주입속도는 가늘고 빠르게 주입한다. 가운데 부분의 커피가루 층이 두껍기 때문에 골고루 물을 주입하기 위해서는 중심부는 천천히, 바깥쪽은 빠르게 주입해야 한다.

추출량은 총 추출량의 15%이다.

칼리타 2차 추출

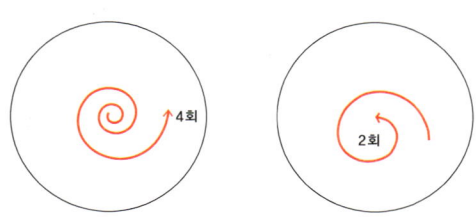

<칼리타 2차 추출>

2차 추출은 동심원의 형태로 중심부에서 바깥쪽으로 4바퀴에 이어서, 바깥쪽에서 안쪽으로 2바퀴를 주입한다.

주입속도는 가늘고 빠르게 주입한다. 역시 중심부는 천천히, 바깥쪽은 빠르게 주입해야 한다.

추출량은 총 추출량의 15%이다.

※ 1차, 2차 추출에서 커피의 맛있는 성분은 거의 추출됨으로, 묽지 않고 농도 있는 성분을 추출하기 위해 주입 속도는 가늘고 빠르게 해야 한다.

칼리타 3차 추출

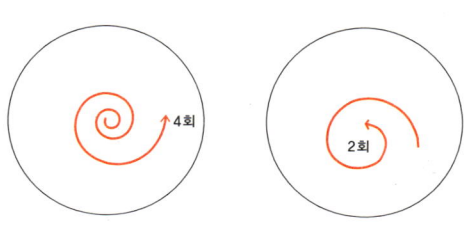

<칼리타 3차 추출>

   3차 추출은 동심원의 형태로 중심부에서 바깥쪽으로 4바퀴에 이어서, 바깥쪽에서 안쪽으로 2바퀴를 주입한다.
   주입속도는 굵고 천천히 주입한다. 역시 중심부는 천천히, 바깥쪽은 빠르게 주입해야 한다.

   추출량은 총 추출량의 50%이다.

   ※ 생각보다 더 천천히 물을 주입해야 50%를 추출할 수 있다. 그리고 3차 추출부터는 맛없는 성분의 추출을 막아야 한다. 그러기 위해서는 맛없는 성분들이 모여 있는 커피가루 상층부의 거품이 추출되지 않도록 주입되는 물의 양을 꾸준히 늘려야 한다.

   그렇게 되면 늘어난 물의 무게로 인해 빠른 추출이 가능하다. 주의할 점은 주입수를 꾸준히 늘려줘야 투과식 추출의 장점인 원하는 맛의 선택이 가능해 진다는 것이다.

칼리타 4차 추출

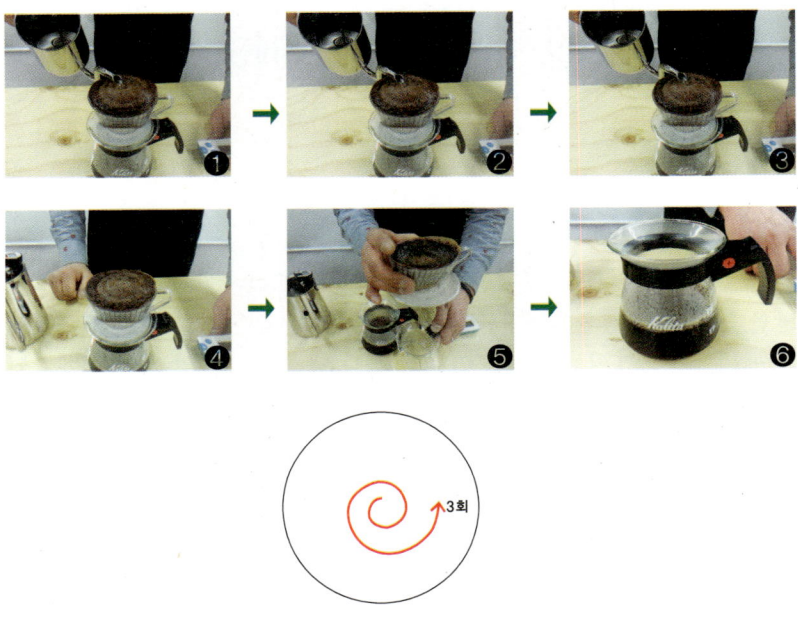

< 칼리타 4차 추출 >

    4차 추출은 동심원의 형태로 중심부에서 바깥쪽으로만 3바퀴를 주입한다. 이때에도 물론 주입속도는 굵고 천천히 가야한다.

    추출량은 총 추출량의 20%이다.

    ※ 추출을 종료 할 때는 드립퍼 안에 물이 차 있을 때 드립퍼를 제거해야 거품에 모여 있던 맛없는 잡미 성분들이 추출되지 않는다.

SPRING DRIP (KONO)
고노 뜸들이기

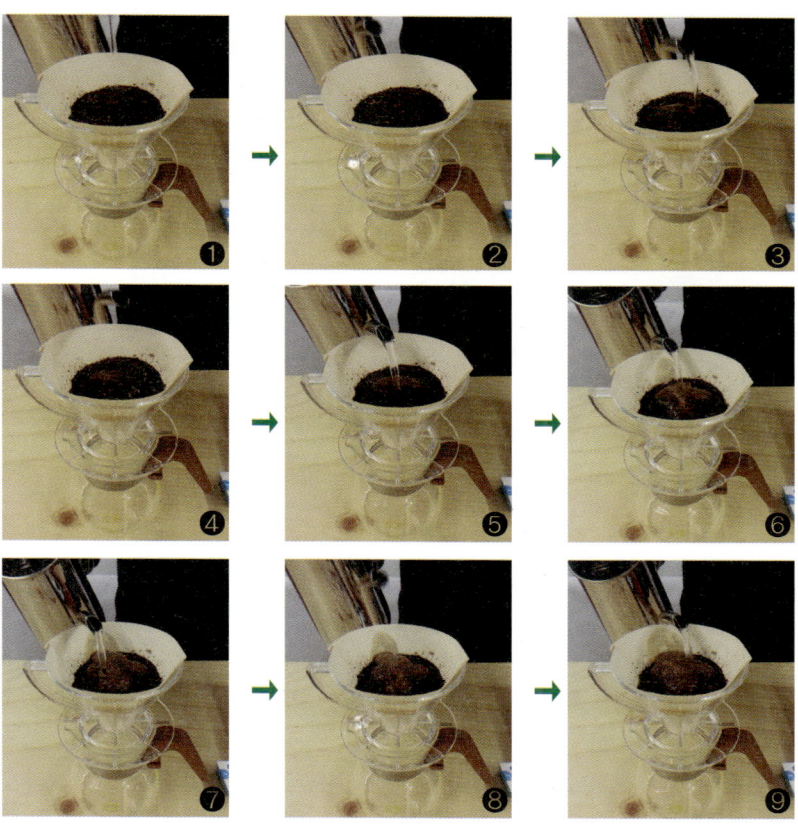

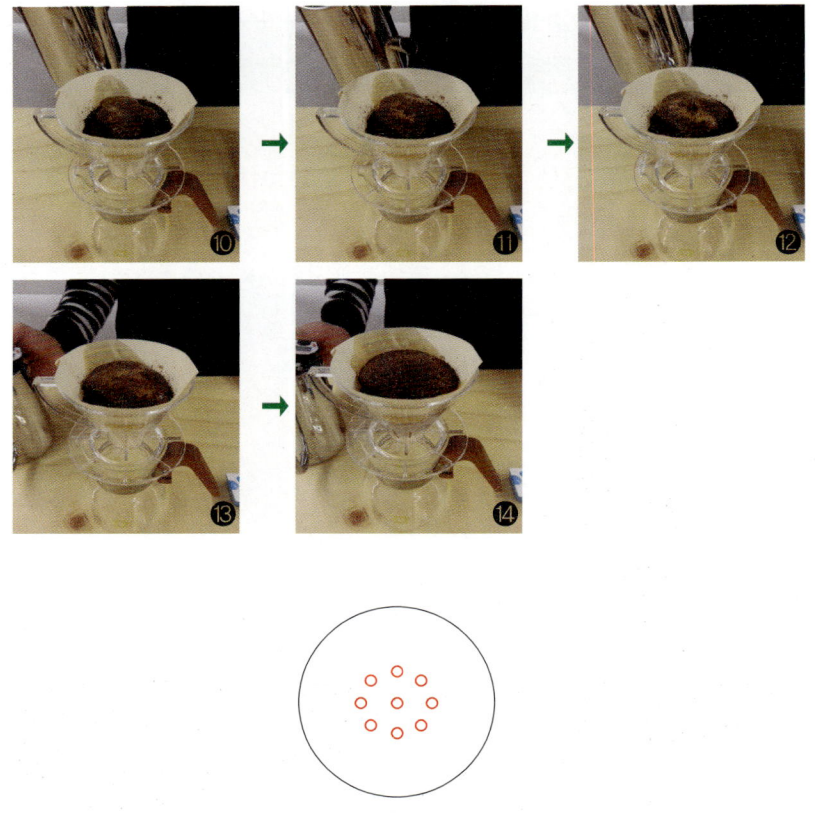

<고노 불림(뜸들이기)>

  이 방식은 스프링 추출법이라고 불리는 방법으로 고노, 하리오와 같이 추출속도가 빠른 원추형의 드립퍼에 사용할 수 있다.

불림은 중앙을 기준으로 8방향의 중심부와 가장 가까우면서도, 커피가루 층의 가장 깊은 곳에 물을 한 방울씩 주입한다(8점법). 이렇게 되면 전체가 적셔지지 않고 일부분만이 적셔지게 된다.

원추형의 드립퍼는 다른 드립퍼보다 중앙이 유난히 깊고 각도가 가파르다. 이러한 드립퍼는 중앙 위주의 추출이 될 가능성이 높아 소량의 물로 불림을 한 후 1차 주입하는 물로 나머지 부분을 적시는 방식으로 진행해야 한다. 그러면 나선형 불림을 할 경우에 생기는 드립퍼의 윗부분의 과소추출과 아랫부분의 과다추출을 방지할 수 있다. 불림 후 20~30초를 기다려 추출을 시작한다.

고노 1차 추출

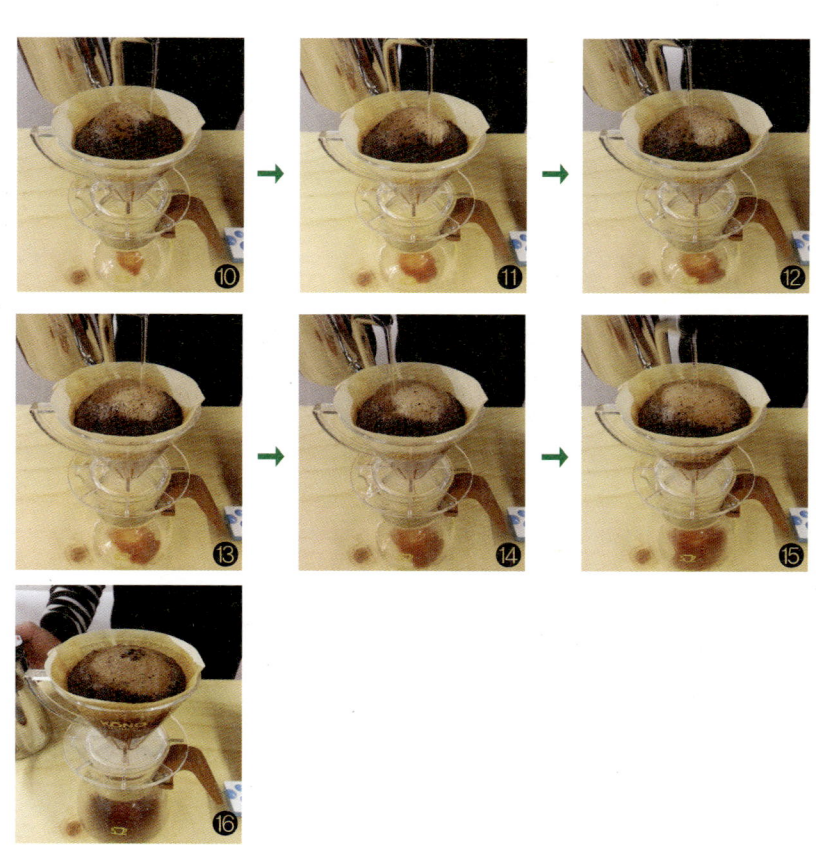

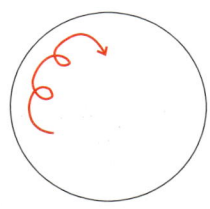

<고노 1차 추출>

    1차 추출은 스프링의 형태로 중심부에서 바깥쪽으로 작은 원 8개를 이어가며 만들어 준다. 중심부의 커피 가루 층이 두껍기 때문에 골고루 물을 주입하기 위해서는 중심부는 천천히, 바깥쪽은 빠르게 주입 속도는 가늘고 빠르게 주입한다.

    추출량은 총 추출량의 15%이다.

    ※ 작은 원의 크기는 드립퍼 절반의 2/3 크기 정도로 만들면 된다. 칼리타나 멜리타 같은 형태의 드립퍼는 윗지름과 아래 지름의 차이가 크지 않기 때문에 드립퍼의 벽에 닿지 않는 정도로 물을 주입해도 되지만, 원추형의 드립퍼는 윗지름과 아래 지름의 차이가 크기 때문에(경사 각도가 가파르다.) 드립퍼의 벽면 가까이에 주입 하게 되면 커피가루로 물이 닿지 않을 수 있어 다른 드립퍼에 비해서 간격을 더 띄어 주어야 한다.

고노 2차 추출

제3장 커피 핸드드립 커피　173

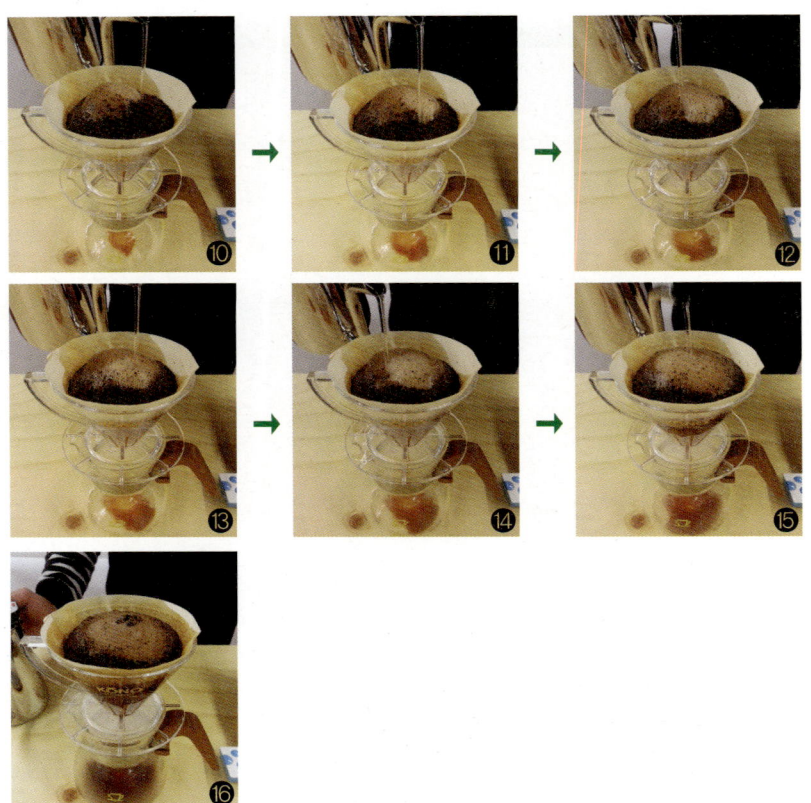

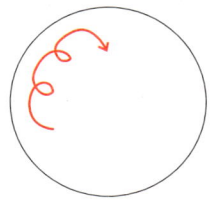

<고노 2차 추출>

2차 추출 역시 스프링의 형태로 중심부에서 바깥쪽으로 작은 원 8개를 이어가며 만들어 준다. 중심부는 천천히, 바깥쪽은 빠르게 주입속도는 가늘고 빠르게 주입한다.

추출량은 총 추출량의 15%이다.

※ 불림과 추출사이 또는 추출과 추출 사이에 기다리는 시간은 추출의 차수가 늘어날수록 점점 짧아진다. 맛있는 성분은 앞쪽에서 대부분 추출되기 때문에 후반부의 추출은 맛없는 성분이 안 나오게 하는데 있다.

고노 3차 추출

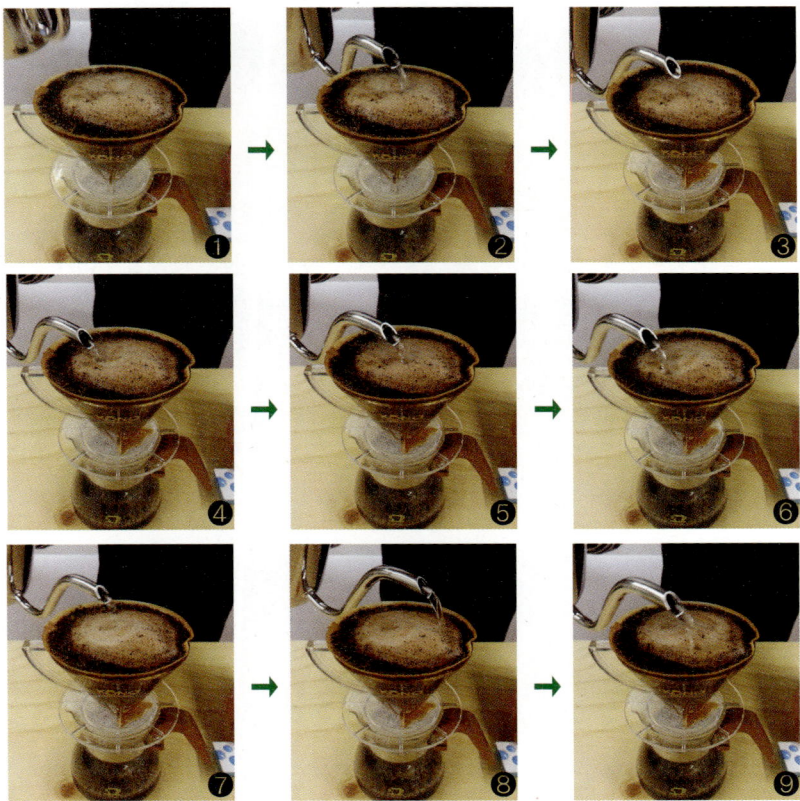

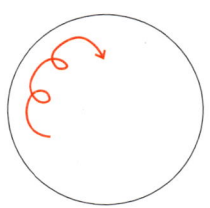

<고노 3차 추출>

　3차 추출은 스프링의 형태로 중심부에서 바깥쪽으로 작은 원 8개를 이어가며 만들어 준다.

　추출량은 총 추출량의 50%이다.

　추출량이 많기 때문에 주입 속도와 물줄기는 천천히, 굵게한다.

<고노 4차 추출>

4차 추출은 동심원의 형태로 중심부에서 바깥쪽으로만 3바퀴를 주입한다. 이때도 물론 주입 속도와 물줄기는 천천히, 굵게 주입한다.

추출량은 총 추출량의 20%이다.

추출을 종료 할 때는 드립퍼 안에 물이 차 있을 때 드립퍼를 제거해야 거품에 모여 있던 맛없는 잡미 성분들이 추출되지 않는다.

특히, 원추형의 드립퍼는 멜리타나 칼리타 드립퍼에 비해, 더 많은 양의 물이 드립퍼안에 있을 때 제거한다. 이것 역시 빠른 추출 속도에 의해서 안 좋은 맛이 추출될 수 있기 때문이다.

융 DRIP

융 드립 뜸들이기

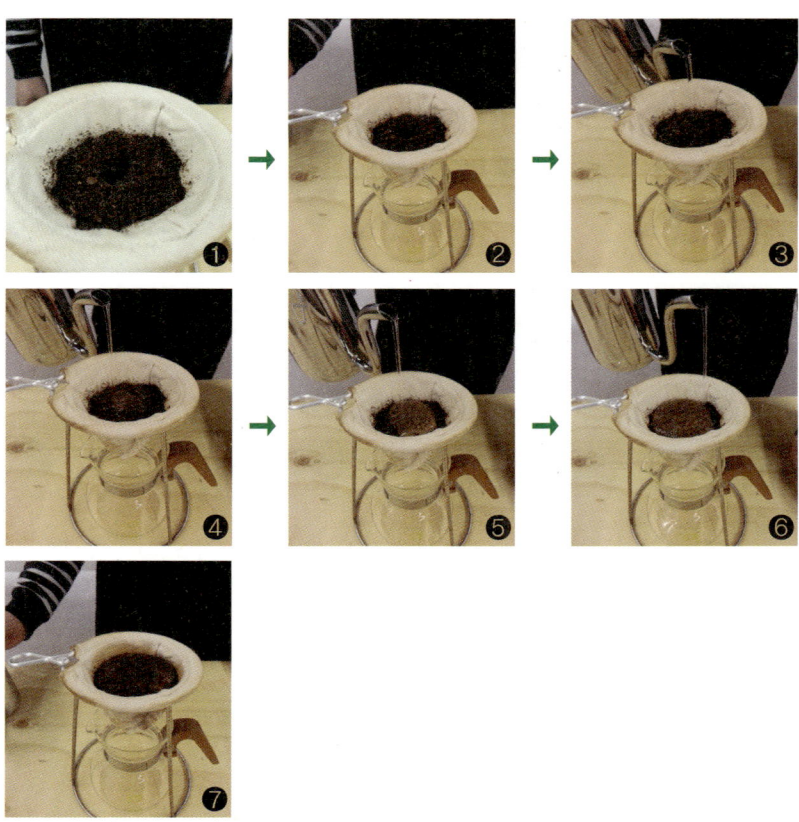

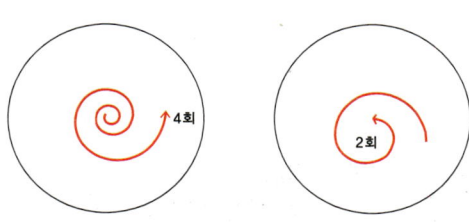

< 융 드립 불림 (뜸들이기)

　밀폐용기 안에 깨끗한 식수에 담겨 냉장보관 되었던 융 필터를 꺼내 물기를 짜낸 후 뜨거운 물로 예열하고 다시 한 번 물기를 짜내고 깨끗한 마른 수건으로 융 필터를 감싼 후 양쪽 손바닥으로 꾹꾹 누르며 잔여 물기를 제거한다. 물기가 제거되면 융 필터의 형태대로 펴서 페이퍼 드립보다 굵게 분쇄된 커피를 담는다. 이때 기모가 있는 방향의 필터 면과 그렇지 않은 면이 있는데 기모가 있는 면 쪽에 커피를 담아 추출하면 기모의 영향으로 미분의 영향을 덜 받아 훨씬 더 깔끔한 커피를 얻을 수 있다.

　담겨진 커피 가루의 중앙에 살짝 구멍을 낸다. 그 이유는 페이퍼 필터에 비해서 융 필터가 팽창력이 높기 때문에 뜨거운 물을 부으면 페이퍼 드립에 비해 불려진 커피가루의 중앙이 비정상적으로 높아져 1차 추출 시 물이 스며들지 못하고 가장자리로 흘러 버릴 수 있기 때문이다. 그래서 중앙에 구멍을 내면 가장자리와 중앙의 높이가 비슷해지므로 이후의 추출에 좋은 영향을 끼치는 것이다.

융 드립 추출

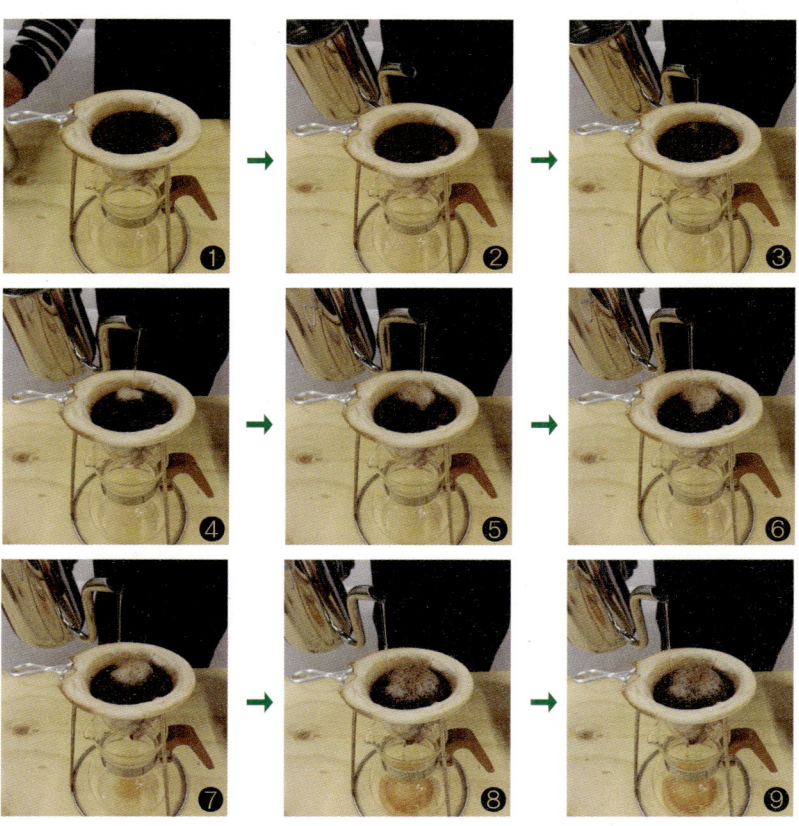

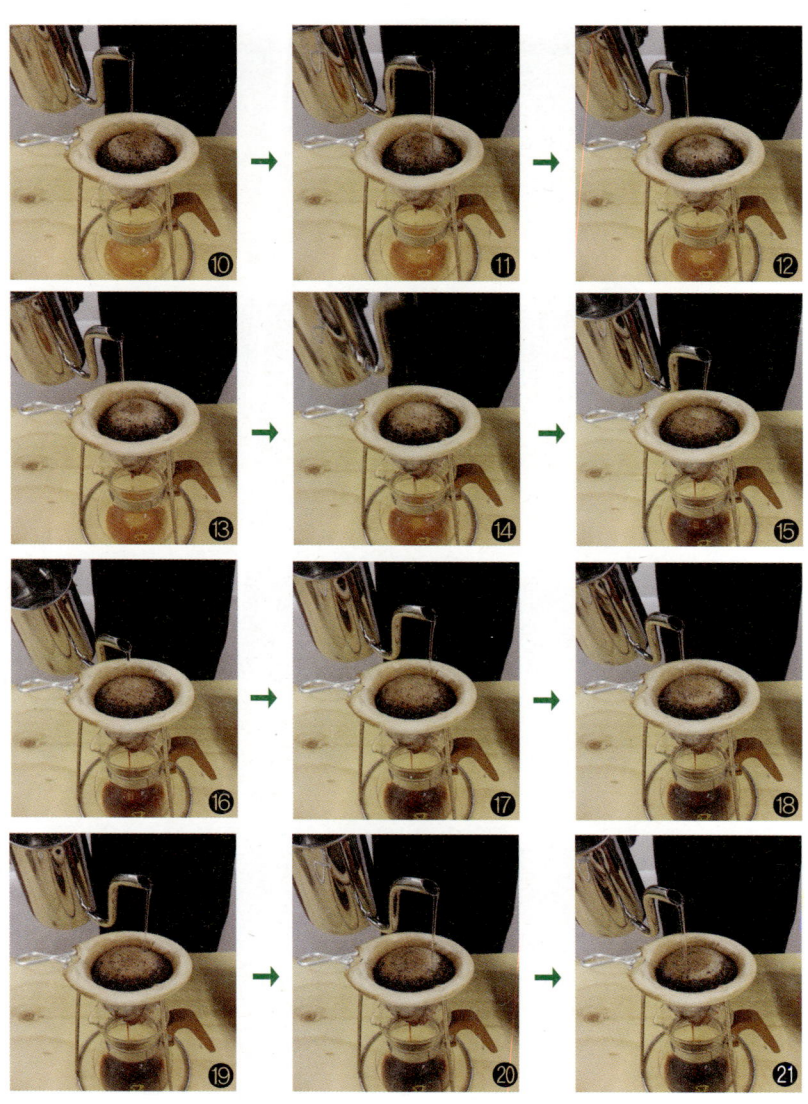

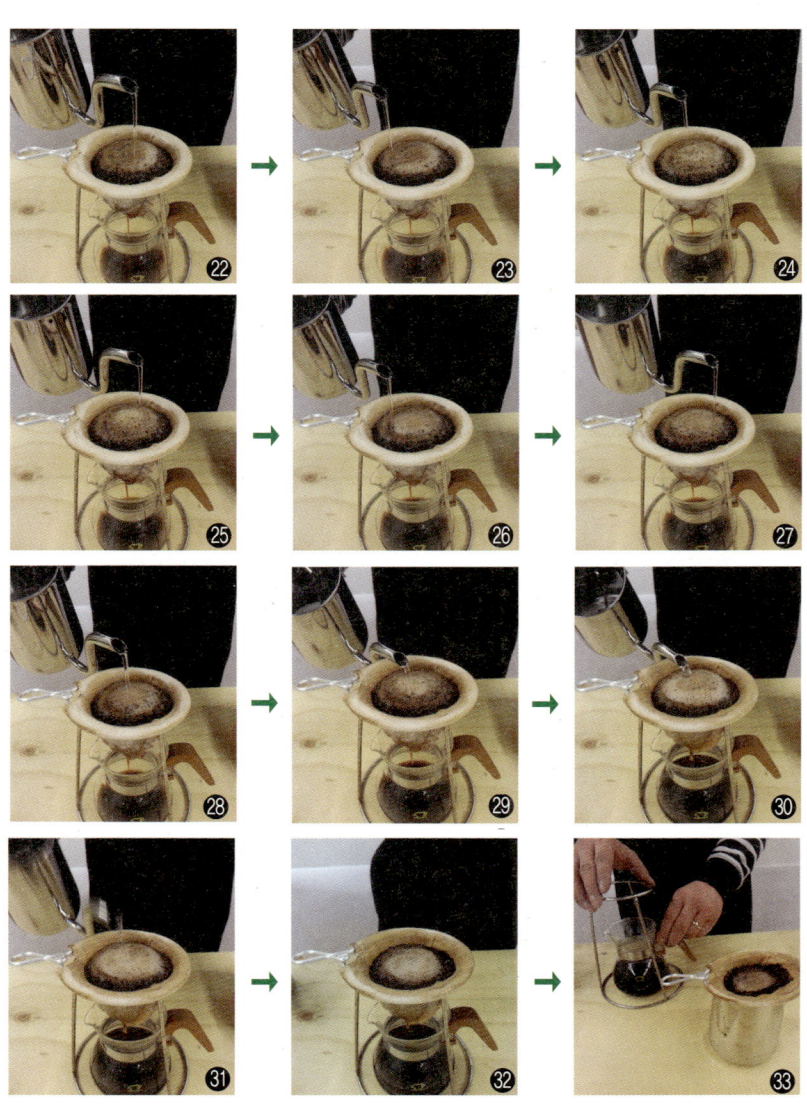

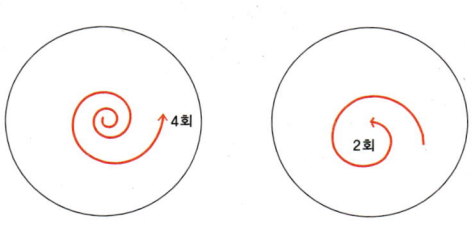

<융드립 1차~3차 추출>

융 드립 추출은 1차에서 동심원의 형태로 중심부에서 바깥쪽으로 4바퀴에 이어, 바깥쪽에서 안쪽으로 2바퀴를 주입한다.

주입속도는 가늘고 빠르게 주입한다. 가운데 부분의 커피가루 층이 두껍기 때문에 골고루 물을 주입하기 위해서는 중심부는 천천히, 바깥쪽은 빠르게 주입해야 한다.

추출량은 총 추출량의 15%이다.

2차 추출은 동심원의 형태로 중심부에서 바깥쪽으로 4바퀴에 이어서, 바깥쪽에서 안쪽으로 2바퀴를 주입한다.

주입속도는 가늘고 빠르게 주입하되 중심부는 천천히, 바깥쪽은 빠르게 주입 한다.

추출량은 총 추출량의 15%이다.

※ 1차, 2차 추출에서 커피의 맛있는 성분은 거의 나오므로, 묽지 않고 농도 있는 성분을 추출하기 위해 주입 속도는 가늘고 빠르게 해야 한다.

3차 추출 역시 동심원의 형태로 중심부에서 바깥쪽으로 4바퀴에 이어서, 바깥쪽에서 안쪽으로 2바퀴를 주입한다.

추출량은 총 추출량의 50%이다.

※ 3차 추출은 생각보다 더 천천히 물을 주입해야 50%를 추출할 수 있으며 3차 추출부터는 맛없는 성분의 추출을 막아야 한다. 그러기 위해서는 맛없는 성분들이 모여 있는 커피가루 상층부의 거품이 추출되지 않도록 주입되는 물의 양을 꾸준히 늘려야 한다.

그렇게 되면 늘어난 주입되는 물의 무게로 인해 빠른 추출이 가능하다. 주의할 점은 주입수를 꾸준히 늘려줘야 투과식 추출의 장점인 원하는 맛의 선택이 가능해 진다는 것이다.

<융 드립 4차 추출>

4차 추출은 동심원의 형태로 중심부에서 바깥쪽으로만 3바퀴를 주입한다. 이때에도 물론 주입속도는 굵고 천천히 가야한다.

추출량은 총 추출량의 20%이다.

※ 다시 말하지만 추출을 종료 할 때는 드립퍼 안에 물이 차 있을 때 드립퍼를 제거해야 거품에 모여 있던 맛없는 잡미 성분들이 추출되지 않는다.

융 드립의 추출은 페이퍼 드립과 다르게 드립퍼라는 도구가 없다보니 물의 흐름의 제어가 쉽지 않다. 물을 붓는 위치는 페이퍼 드립에 비해 중앙에 커피가 많은 여과층 위주의 추출을 해주어야 하며, 분쇄도는 페이퍼 드립보다 굵어야 한다.

그리고 그에 걸맞게 분쇄 커피의 양은 페이퍼 드립보다 많이, 물줄기는 페이퍼 드립에 비해 더 가늘고 정교한 드립을 해야 융 드립 특유의 부드럽고 풍부한 맛과 향의 커피를 추출할 수 있다.

자격시험대비

핸드드립 커피

2015년 3월 22일 초판 발행
2019년 4월 10일 재판 발행

저　자 : 김 창 진
발행인 : 김 미 아
발행처 : 圖書出版 漢樹
주　소 : 서울 · 성동구 행당동 286-64
전　화 : 02-2299-2387
신고번호 : 제303-2003-000031호

※ 파본 및 낙장본은 교환하여 드립니다.
※ 발행인의 승낙이 없는 무단전재나 복제를 금합니다.

〈가격 18,000원〉